유럽에서 중남미·아시아를 거쳐
빛고을 광주에 이르기까지

음악과 함께 떠나는
세계의
혁명 이야기

음악과 함께 떠나는
세계의
혁명 이야기

초판 1쇄 발행 2016년 10월 26일
초판 2쇄 발행 2017년 11월 27일

지은이 조광환
펴낸이 김승희
펴낸곳 도서출판 살림터

기획 정광일
편집 조현주
북디자인 꼬리별
표지디자인 이혜원

인쇄·제본 (주)현문
종이 월드페이퍼(주)

주소 서울시 영등포구 양평로21가길 19 선유도 우림라이온스밸리 1차 B동 512호
전화 02-3141-6553
팩스 02-3141-6555
출판등록 2008년 3월 18일 제313-1990-12호
이메일 gwang80@hanmail.net
블로그 http://blog.naver.com/dkffk1020

ISBN 979-11-5930-026-4 03910

유럽에서 중남미·아시아를 거쳐
빛고을 광주에 이르기까지

음악과 함께 떠나는
세계의
혁명 이야기

조광환 지음

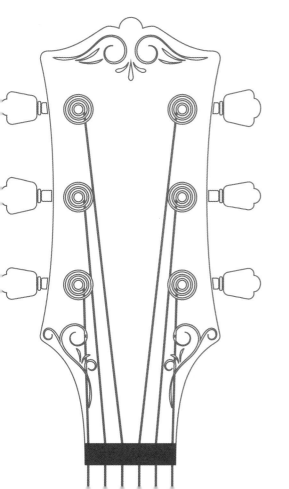

살림터

음악은 시간의 예술이다. 시간이 흐르면 음악도 사라진다.

언젠가 한 일간지에서 본 글귀이다. 당연한 말이다. 그러나 사라지지 않고 입에서 입으로 세대에서 세대로 여전히 회자되는 노래가 있다. 마치 '인생은 짧고 예술은 길다'는 말을 증명이라도 하려는 듯이……

새야 새야 파랑새야
녹두밭에 앉지 마라
녹두꽃이 떨어지면
청포 장수 울고 간다.

누가 가사를 썼는지, 누가 곡을 지었는지조차 알 수 없는 이 노래는 동학농민혁명 당시 녹두장군 전봉준의 죽음을 애도하는 구슬픈 만가였다. 그리고 그 당시 동학군의 아내와 어머니들이 또 다른 전봉준이었던 전사한 남편과 아들의 영혼을 달래려 울부짖었던 상엿소리이자 민중의 노래였다. 백성들 사이에서 널리 불린 이 노래는 동학농민혁명의 근원지인 고부를 중심으로 전국 각지로 퍼져 나갔다. 그리고 그때로부터 120년이 넘게 때론 할아버지의 노동요로, 때론 할머니의 자장가로 우리의 귀에 자연스럽게 녹아든 것이다.

전봉준 장군은 어렸을 때부터 키가 작고 야무졌기 때문에 별명이 녹두였다. 그래서 동학농민군의 최고 지도자 자리에 오른 이후 사람들은 그를 녹두장군이란 애칭으로 불렀다. 그러므로 이 노래에서 말하는 녹두꽃은 전봉준 장군을, 녹두밭은 녹두장군 전봉준을 희망으로 삼은 백성을 말하는 것이리라.

그러니 이 노래는 전봉준이 이끈 동학농민혁명이 들려준 희망과 새 세상에 대한 간절한 바람을 담은 동시에 동학농민혁명의 실패를 슬퍼하는 안타깝고 애절한 마음을 표현한 민중의 노래이다.

이제 전봉준도 가고 김개남도 가고 손화중도 갔지만 여전히 이 노래는 입에서 입으로 전하고 있다. 당시 이 노래와 더불어 불렸던 노래가 있다.

가보세 가보세
을미적 을미적
병신 되면 못 가보리

어디인가를 향해 바삐 나아가야 하는데 지금 이토록 미적거리다
가 아예 병신 되어 못 가게 될지도 모른다며 크게 우려하는 내용이다.
이 노래에서 '가보세'는 갑오년(1894년)을, '을미적'은 을미년(1895년)을,
'병신'은 병신년(1896년)을 뜻한다. 그러니까 이 시기에 농민군과 함께
새 세상을 만들어내지 못하면 영영 이 나라와 우리 민족을 부패한 봉
건정부와 외세의 침략으로부터 구해낼 수 없을 것이라는 안타까운 심
정을 담은 노래로 이른바 오늘날 민중음악의 효시라 할 수 있다.

민중음악 하면 흔히들 저항의 노래, 다시 말해 집회에서 부르는 운
동권 음악의 한 부분으로 인식하고 있지만 이처럼 1894년 위정자들
의 폭압과 외세 침략에 맞서 죽창을 들고 저항했던 동학농민혁명에서
만주 벌판의 찬바람 속에서도 끊이지 않았던 조선독립군들의 외침,

1970, 80년대의 군부독재의 탄압과 광주 민중들의 저항, 1990년대 민주화의 바람과 2000년 이후 더욱 가속화된 천민자본주의가 판치는 오늘날의 현실 속에서 깨어 있는 자들의 힘찬 메아리로 이어지고 있다.

동학농민혁명을 연구하면서 다른 나라에도 이처럼 혁명에 얽힌 노래 이야기가 있겠구나 하는 생각에 찾아보니 프랑스혁명과 러시아혁명 등에 얽힌 노래 이야기가 있었다. 그리고 19세기 후반 제국주의 세력의 침략 과정에서 우리와 같은 처지에 놓였던 여러 나라들 중 그리스와 중남미의 칠레, 멕시코, 아르헨티나 등에도 제국주의 침략자들과 그와 결탁한 기득권 세력에 맞서 저항하면서 불렀던 민중들의 노래가 있음을 알게 되었다.

이런 이야기를 정리해보면 역사와 음악이 어우러진 재미있는 이야깃거리가 되겠다는 생각이 들었다. 이 글을 통해 우리의 동학농민혁명과 유사한 저항의 역사가 시공을 뛰어넘어 다른 나라에도 있었는가? 그 내용은 어떠했으며 그것을 관통하는 시대정신은 무엇인가? 이러한 궁금증을 가지는 계기가 되기를 바라는 마음에서 용기를 내었다.

물론 필자는 음악을 전공하거나 전문가 수준의 애호가는 아니기에 많이 미흡하다는 것을 알지만 오히려 이것을 기회로 부족한 공부를 할 수 있으리란 생각에 작업을 시작하였다. 끝으로 부족한 글을 완성도 높은 책이 되도록 조언을 아끼지 않았던 살림터 정광일 대표와 관계자 여러분의 노고에 깊이 감사드린다.

2016년 10월

샘골 회은당(懷隱堂)에서

조광환

차례

1

라마르세예즈,
프랑스혁명을 노래하다

1789~1848

1.
프랑스 국가 「라마르세예즈」

현재 프랑스의 국가國歌인 「라마르세예즈La Marseillaise」는 프랑스혁명 초기 오스트리아·프로이센 연합군과의 전쟁 중에 탄생했다. 작곡가는 공병대 중대장으로 복무하던 아마추어 음악가 '루제 드 릴Rouget de Lisle'이다. 그에 대한 역사적 자료가 많지 않지만, 전해지는 얘기를 종합해보면 세계적으로 유명해진 혁명의 노래를 만든 만큼 혁명의식이 투철하거나 정의로운 편은 아닌 듯하다.

프랑스 쥐라 주의 롱르소니에에서 변호사의 아들로 태어난 그는 귀족이 아님에도 이름에 '드de'를 넣어 귀족인 체하여 남들의 입방아에 자주 오르던 인물이었다. 프랑스에서 이름 사이에 'de'가 들어간다는 것은 귀족임을 의미한다.

프랑스혁명의 열기가 유럽 각국에 영향을 미칠 것을 우려한 주변국들이 프랑스를 위협했고 이에 프랑스 왕 루이 16세는 혁명군의 눈치를 보면서 오스트리아·프로이센 연합군에게 마지못해 선전포고를 한다.

1792년 4월 25일, 이 포고령이 당시 프로이센의 접경도시인 스트라스부르에 전해지면서 혁명 지지파였던 디트리히Dietrich 시장은 주둔하

루제 드 릴

고 있던 공병 장교인 루제에게 전쟁을 앞둔 프랑스군의 사기를 진작시킬 수 있는 노래를 지어줄 것을 당부했다.

루제는 부탁을 받고 집으로 돌아가자마자 작곡을 시작했다. 가사는 당시 사용되던 혁명을 선전하는 벽보 문구에서 영감을 얻었다. 이렇게 해서 4월 25일에서 26일까지 단 하룻밤 사이에 역사적인 노래가 탄생했다. 이 곡은 당시 라인 강 방면 군 지휘관 니콜라 뤼크네르 사령관에게 바쳐졌다. 그래서 원제는 「라인 군대를 위한 전쟁 노래Chant de guerre pour l'armee du Rhin」였다.

발표된 지 얼마 지나지 않아 이 노래는 그다지 영향력을 발휘하지 못하고 역사의 뒤안길로 사라지는 듯했는데, 그로부터 2개월이 지난 후 이 노래의 악보가 남부 항구도시인 마르세유에 전해졌다.

6월이 되자 프랑스혁명을 와해시키려는 주변국의 침공과 국내의 반대 세력으로 인해 혁명군은 위기에 빠졌다. 이 위기에 맞서 혁명을 수호하고자 프랑스 각 지역에서 시민군이 조직되어 파리에 속속 들어서는데 마르세유에서도 500명의 시민군이 조직되었다.

6월 22일 '헌법의 친구들'이란 모임에서 전쟁터로 떠나는 마르세유 시민군들을 위한 송별회를 베풀었다. 송별회 도중 몽펠리에 의대생인 미뢰르라는 청년이 갑자기 일어나 노래를 부르기 시작했다. '나가자, 조국의 자식들아' 처음 듣는 생소한 노래였건만 내일이면 자유를 위한 전쟁터에 나가기로 다짐한 젊은이들의 마음을 격동시키기에 충분했다.

이 노래는 쉴 새 없이 반복되어 이내 모두가 따라 부르게 되었다. 그리고 7월 2일, 마르세유 시민군들은 출정식을 마치고 파리로 행진해 가면서 이 노래를 불렀다. 마침내 8월 10일 파리가 눈앞에 보이자 그들은 혁명의 열기와 흥분에 휩싸여 더 큰 목소리로 이 노래를 부르며 파리로 입성함으로써 '라인 군대를 위한 전쟁 노래'는 이제 조국을 지키고자 마르세유에서 출발한 시민군들이 부른 노래라는 의미의 혁명군가 '라마르세예즈'가 되어버렸다.

8월 들어 프랑스혁명군은 프로이센·오스트리아 연합군에 계속 패배했으나 마르세유에서 파리까지 강행군으로 온 지원병들의 소식에 고무 받은 프랑스 제1공화정의 혁명군은 9월에 벌어진 발미 전투에서 오스트리아·프로이센 연합군을 상대로 승리를 거둠으로써 프랑스혁명을 지켜내었다.

프랑스 국민의회는 1795년 7월 14일, 혁명 6주년을 맞아 「라마르세예즈」를 정식 프랑스 국가로 선포했다. 그러나 이 노래의 앞길은 그다지 순탄치만은 않았다. 1797년 쿠데타에 성공한 나폴레옹은 가사가 지나치게 혁명적이라는 이유로 이 노래를 금지시켰으며, 나폴레옹이 몰락하고 1813년 루이 18세의 왕정복고가 이뤄졌을 때에도 혁명과 관련됐다는 이유로 금지됐다.

그러다 이 노래가 다시 불린 것은 1830년 7월 혁명 당시 파리의 바리케이드 앞이었다. 1830년, 7월 혁명의 성공으로 다시 프랑스 국가로 공인됐으나 1852년 나폴레옹 3세가 황제가 되면서 다시 금지곡이 됐다. 이후 1870년 프로이센전쟁에서 패배해 나폴레옹 3세가 폐위된 후 1879년 프랑스 제3공화국 시절 다시 프랑스의 국가가 됐다.

라마르세예즈(La Marseillaise)

1절

가자, 조국의 아들딸들아,
영광의 날이 다가왔다.
우리의 적 압제자의
피 묻은 깃발이 일어났다.
피 묻은 깃발이 일어났다.

들리는가, 저 들판에서
짖어대는 흉악한 군인들이
우리의 코앞까지 왔다.
우리의 처자식의 목을 베기 위하여

무기를 들어라, 시민들이여
대열을 갖추자.
행진하자, 행진하자.
저들의 더러운 피가
우리의 밭고랑을 적시도록

2절

무엇을 바라나 저기 저 노예들,
저 매국노, 왕당파들은 무엇을 원하는가?
끔찍한 족쇄와 오래도록 준비한 이 칼은

누구를 위한 것인가?
누구를 위한 것인가?
프랑스인들이여, 분노해야 한다!
격정으로 들끓어야 한다!
저들이 감히 우리를
예전의 노예로 되돌리려 한다!

무기를 들어라, 시민들이여
대열을 갖추자.
행진하자, 행진하자.
저들의 더러운 피가
우리의 밭고랑을 적시도록

3절
저 외적의 무리들이
우리 안방을 넘본다.
돈에 눈먼 저 용병 놈들
우리 용사들을 죽인단다.
우리 용사들을 죽인단다.
도대체 우리 손을 묶고서
우리에게 멍에를 씌우겠다니
저 천박한 독재자들이
운명의 고삐를 쥐겠다니

무기를 들어라, 시민들이여
대열을 갖추자.
행진하자, 행진하자.
저들의 더러운 피가
우리의 밭고랑을 적시도록

4절
떨어라, 독재자들, 매국노들
모든 이들의 치욕이여
떨어라! 너희의 반역 음모는
그 대가를 치를 것이니
그 대가를 치를 것이니
전사들은 얼마든지 있다.
우리 젊은 영웅들 쓰러지면
이 땅에 새로운 이들 나와
결연히 너희들과 싸울 테니

무기를 들어라, 시민들이여
대열을 갖추자.
행진하자, 행진하자.
저들의 더러운 피가
우리의 밭고랑을 적시도록

5절

프랑스인들이여, 관용의 전사들로서

타격의 유무를 구분하라.

불쌍한 희생자는 봐주어라.

어쩔 수 없이 싸우는 자는

어쩔 수 없이 싸우는 자는

하지만 살육의 폭군들과

매국의 부역자는 안 된다.

가차 없이 자신의 어머니들의

가슴을 찢어놓은 저 모든 호랑이들은!

무기를 들어라, 시민들이여

대열을 갖추자.

행진하자, 행진하자.

저들의 더러운 피가

우리의 밭고랑을 적시도록

6절

성스러운 우리의 조국애가

이 복수를 위한 우리의 팔을 이끌고 들어 올려라.

자유, 너 소중한 자유여

함께 싸워서 너를 지키자.

함께 싸워서 너를 지키자.

저 깃발 아래 승리의 여신

너의 힘찬 승전가 앞당기고
적들이 숨을 거두며
너의 승리와 우리의 영광을 보기를

무기를 들어라, 시민들이여
대열을 갖추자.
행진하자, 행진하자.
저들의 더러운 피가
우리의 밭고랑을 적시도록

7절
우리도 그 길로 들어서리라.
선열들 가신 그때 그 자리
거기서 유해를 발굴하리라.
그들 용기의 흔적들도
그들 용기의 흔적들도
그들 뒤에 살아남는 것은
함께 죽는 것보다 못하다.
우리가 자랑스러울 일은
뒤를 이어 그 피값을 갚는 것

무기를 들어라, 시민들이여
대열을 갖추자.
행진하자, 행진하자.

저들의 더러운 피가
우리의 밭고랑을 적시도록

8절
아이들아, 명예와 조국이다
모든 맹세 거기에 있다.
언제나 그 혼불을 밝혀라.
그들의 그 두 가지 혼불
그들의 그 두 가지 혼불
뭉치면 뭐든 가능하다
간악한 적들은 궤멸한다.
그러면 프랑스인은 더 이상
폭압을 노래하지 않으리니

무기를 들어라, 시민들이여
대열을 갖추자.
행진하자, 행진하자.
저들의 더러운 피가
우리의 밭고랑을 적시도록

이렇듯 프랑스혁명이라는 역사적 사건과 그 가사에 담긴 혁명적 내용 등의 이유로 「라마르세예즈」는 수많은 음악가들이 편곡하여 끊임없이 다시 불렸으며 예술가들의 다양한 작품에 등장했다.

「라마르세예즈」를 최초로 차용한 인물은 오스트리아의 오페라 작곡

파리 개선문, 라마르세예즈 부조

가 살리에리인데 그는 1795년 「파리 미라」란 작품에 이 노래를 썼다고 한다. 우리에게는 영화 〈아마데우스〉에서 모차르트의 천재성을 시기하고 이에 좌절하는 음악가로 알려진 그는 프랑스어 오페라 「타라르」를 작곡했는데, 당시 빈Wien 사람들은 모차르트의 「돈 조반니」보다도 이 작품을 더 좋아했다고 전해지며 베토벤의 스승으로도 유명하다.

　무릇 '혁명가는 낭만주의자다'라는 말이 있듯이 프랑스혁명이 일어났던 이 시기의 유럽에서는 음악에도 낭만주의가 크게 유행을 했다. 이 시대를 풍미했던 낭만주의 음악가로는 베토벤, 슈베르트, 멘델스존, 슈만, 리스트, 바그너 같은 거장들이 있다.

그중 우리에게 「환상교향곡Symphonie Fantastique」으로 널리 알려진 베를리오즈는 프랑스가 자랑하는 작곡가다. 그의 「환상교향곡」은 1830년 7월 혁명이 일어났던 해에 작곡된 곡답게 혁명과 낭만이 어우러진 대표적인 프랑스 낭만주의 음악이다.

1832년에 「환상교향곡」이 재연되어 천재적인 바이올리니스트 파가니니, 문학가 빅토르 위고, 알렉상드르 뒤마 등을 비롯한 많은 사람들에게 극찬을 받았다. 그는 국가 「라마르세예즈」를 소프라노와 테너 독창, 어린이 합창과 어른 합창, 관현악이라는 대규모 편성을 사용한 총 1절부터 6절까지의 편곡을 남겼으며, 프랑스혁명 때 죽은 사람들을 위한 대미사곡Grande Messe des morts을 작곡했다.

그는 보수적인 프랑스 음악계와의 계속되는 갈등에 1847년 러시아와 영국에서 장기 체류할 예정으로 건너갔으나 이듬해 일어난 프랑스 2월 혁명이 걱정되어 귀국했다. 1850년에는 '필하모닉협회'를 결성해 파리에서 적극적인 연주활동을 추진했지만, 뜻을 이루지 못하고 다시 국외 연주여행을 떠났다. 그 후 귀국하여 활동을 하던 중 1869년 3월 8일 파리에서 세상을 떠났다.

「라마르세예즈」를 삽입한 작품으로 가장 널리 알려진 차이코프스키의 「1812년 서곡」이 있다. 이는 1812년 모스크바를 침공한 프랑스 나폴레옹의 60만 대군을 격퇴한 러시아의 자랑스러운 역사적 사건을 내용으로 구성되었다.

당시 유럽 대부분을 장악한 나폴레옹은 해군력이 약해 영국을 침공할 수

표트르 일리치 차이코프스키

없었기 때문에 1806년 영국을 경제적으로 고립시키기 위해 유럽 대륙과 영국 사이의 통상을 금지하는 대륙봉쇄령을 선포했다. 그러자 자본과 자원 등 물자가 풍부한 영국보다는 오히려 대륙의 여러 나라들이 경제적 어려움을 겪게 되었다. 결국 3년 후 러시아는 대륙봉쇄령을 무시하고 영국과 교역을 하였고 이를 안 나폴레옹은 러시아를 응징하고자 60만 대군을 동원해 선제공격을 감행한다.

1812년 6월 24일 나폴레옹은 대군을 직접 이끌고 러시아 원정길에 나섰다. 프랑스 원정군은 1812년 9월 7일 모스크바에서 120킬로미터 떨어진 보로디노에서 쿠투조프 장군이 이끄는 러시아 군대와 격돌했다. 이렇게 시작된 첫 전투는 외형상으로 볼 땐 나폴레옹 군대의 승리였지만 결과적으로는 러시아의 전술에 말린 꼴이 되었다. 쿠투조프가 이끄는 러시아군은 피해를 최소화시키면서 모든 시설과 식량을 불태우며 퇴각하는 청야전술淸野戰術을 펼쳤다. 게다가 러시아군은 프랑스군의 후방 보급로를 차단하는 데 성공했다.

보로디노를 점령한 나폴레옹 군대는 1812년 9월 14일 밤, 최종 목표지인 모스크바에 무혈 입성했다. 그러나 이미 모스크바 시내는 화염에 휩싸여 있었다. 나폴레옹 군대는 오랜 원정과 보급로 차단 등으로 인해 지치고 굶주려 있는 데다가 점차 겨울이 다가오면서 살인적인 추위로 인해 최악의 상태에 놓였다.

결국 나폴레옹은 철수를 명령했고 지쳐 퇴각하는 나폴레옹 군대를 향해 러시아군과 민병대는 맹공격을 퍼부어 전멸시키다시피 했다. 나폴레옹은 러시아 원정의 실패를 계기로 몰락의 길을 걷게 되었다.

이러한 역사적 사건을 담은 「1812년 서곡」은 차이코프스키의 친구인 모스크바 음악원장 니콜라이 루빈스타인의 권유로 1880년 말에 작곡했다. 원래 이 곡은 1881년 완공을 앞둔 모스크바 중앙 대성당 앞 광장에서 초연할 계획이었다. 광장에서 대규모 오케스트라가 연주하고, 모스크바 시내 모든 성당의 종들을 울리고, 러시아 포병대의 대포를 쏘아서 장엄한 효과를 낼 예정이었는데, 그해 3월 차르 알렉산드르 2세 암살 사건이 발생하여 공연이 미루어졌다. 결국 1882년 모스크바 예술 산업 박람회 개막 때 오케스트라만으로 실내에서 초연 발표를 했다. 차이코프스키는 이 곡에 「라마르세예즈」를 차용하여 프랑스군의 침략성을 드러내고자 했다.

그래서 그는 「라마르세예즈」가 서서히 잦아들게 하면서 러시아 국가가 힘차게 울려 퍼지도록 하여 프랑스에 대한 러시아의 승리라는 주제를 상징적으로 표현하고자 했다. 「1812년 서곡」은 〈브이 포 벤데타〉와 〈노다메 칸타빌레〉 같은 영화나 드라마의 배경음악으로도 사용되었다.

이와는 다른 시각에서 다른 작품도 있다. 독일의 시인 하인리히 하이네가 작사하고 음악가인 로베르트 슈만이 작곡한 〈두 사람의 척탄병Die beiden Grenadiere〉이 바로 그것이다. 러시아 원정에서 나폴레옹 군대 척탄병(수류탄을 가진 사병으로서, 군의 수뇌부를 호위하는

로베르트 슈만

역할을 맡는 정예군인)으로 참전하여 전쟁에서 지고 포로가 되었다가 간신히 풀려나 프랑스로 귀향하는 두 병사의 이야기를 담았다.

패잔병 신세, 그나마 한 병사는 부상당한 몸이라 전우의 부축을 받으며 고국에 돌아오기 위해 독일 땅에 당도했을 때 나폴레옹이 연합

군의 포로가 되었다는 소식을 듣는다. 이 비통한 소식을 듣자 중상을 입은 병사는 전우에게 상처의 아픔을 호소하고 이를 본 다른 한 병사도 지금 당장 죽고 싶지만 사랑하는 처자가 있어 차마 그러지 못한다고 말한다.

하지만 정작 이들의 마음을 더 아프게 한 것은 처자보다도 조국 프랑스의 패망이었으며, 황제 나폴레옹의 몰락이었다. 여기서 슈만은 프랑스 국가 「라마르세예즈」의 멜로디로 마무리를 장식하면서 두 병사의 애국적인 마음을 더욱 극대화시켰다.

두 사람의 척탄병

슈만 작곡

프랑스로 돌아가고 있었네, 두 사람의 척탄병이
그들은 러시아에서 포로였네.
그리고 그들이 독일 땅에 왔을 때
그들은 고개를 떨구었네.

왜냐하면 그들 두 사람은 슬픈 소문을 들었기 때문.
프랑스가 망하였고,
용감한 대군大軍이 정복되고 깨어졌다
그리고 황제는 포로가 되었다는 소식을.

그래서 함께 울었네, 척탄병들은

비참한 기별을 듣고.
한 사람이 말했네, "얼마나 슬픈지,
예전의 상처가 얼마나 쑤시는지!"
다른 척탄병이 말했네, "노래는 끝이 났다,
나 또한 너와 함께 죽고 싶다.
그러나 나는 집에 아내와 아이가 있고,
그들은 내가 없으면 죽는다."

무슨 소용인가 나에게 아내가, 무슨 소용인가 나에게 아이가,
나는 더 큰 임무를 수행해야
걸식하고 다니게 버려두라, 그들이 굶주릴 때-
나의 황제, 나의 황제가 포로가 되었다!

형제여, 내 한 가지 부탁을 들어주오.
내가 지금 죽거든,
나의 시체를 프랑스로 가져가서
나를 묻어주오 프랑스 땅에.

붉은 리본을 맨 십자훈장을
나의 심장 위에 얹어주오,
총은 나의 손에 쥐어주고,
그리고 대검을 허리에 채워주오.

그렇게 나는 누워서 귀를 기울이겠소, 잠자코,

보초처럼, 무덤 안에서,

언젠가 내가 불 뿜는 대포의 굉음과

우렁찬 진군의 말발굽 소리를 들을 때까지

그때 황제께서는 내 무덤 위로 말을 달리시리라.

수많은 무기를 부딪치고 번득이며

그때에 나는 무덤에서 무장하고 솟구쳐 뛰어나와

황제를, 황제를 지키겠다!

「라마르세예즈」는 혁명이라는 상징성을 안고 나폴레옹 전쟁 이후에도 유럽의 자유주의 계열, 좌익 계열을 막론하고 자주 불린 노래였다. 러시아에서는 1905년 피의 일요일 이후에 크게 유행했고, 러시아혁명기인 1917~1918년의 국가는 인터내셔널가가 아니라 사실상 「라마르세예즈」였다.

이 외에도 「라마르세예즈」는 여러 작품에서 차용되었다. 특히 영국의 록밴드 그룹 비틀즈가 불러 크게 히트한 노래 「All you need is love」의 전주 부분에 「라마르세예즈」가 사용되어 대중에게 널리 알려지기도 했다. 이 노래는 한국에서 스케치북 프러포즈 장면으로 유명한 로맨틱 코미디 영화 〈러브 액츄얼리〉에 삽입되어 더 많이 알려졌다. 베트남전이 한창이던 1967년, 영국의 BBC는 전 세계 최초의 위성 방송 프로그램인 〈Our World〉라는 특별 방송을 준비했는데 제작진의 출연 섭외를 받은 존 레논이 공연을 앞두고 3일 만에 이 노래를 작곡했다고 한다.

영화로는 1942년 개봉된 〈카사블랑카〉가 유명하다. 나치 독일 장교들이 카사블랑카의 한 카페에서 부르는 「라인의 수호」라는 노래에 분개한 주인공이 카페 악단에게 부탁하여 온 카페 안을 합창으로 울려 퍼지게 한 곡이 바로 「라마르세예즈」이다.

또 2007년 개봉한 에디트 피아프의 전기 영화 〈라비앙 로즈〉에서 떠돌이 곡예사였던 아버지를 따라 거리 공연을 다니다 어느 시골 거리에서 주민들의 장기자랑 요구에 어린 에디트 피아프가 처음으로 대중 앞에서 불렀던 노래 역시 「라마르세예즈」이다.

이제, 프랑스혁명은 물론 전 세계에 영향을 끼친 이 곡을 작곡한 루제 드 릴의 삶은 어떠했는지 살펴보자. 온건한 혁명파였던 그는 로베스피에르의 공포정치 기간에 루이 16세와 마리 앙트와네트는 물론 자신에게 작곡을 부탁했던 디트리히 시장과 자신이 노래를 헌정했던 상관 니콜라 뤼크네르 등이 단두대의 이슬로 사라지는 것을 목격했다.

루제 또한 반혁명분자로 몰려 투옥되어 목이 잘려 나갈 위기를 겪기도 했으나 불행 중 다행으로 「라마르세예즈」의 작곡가라는 명성 덕분에 살아남았다. 이후 별다른 음악적 활동이나 뛰어난 곡을 남기지 못하고 경제적 어려움을 겪다가 어음부도사건으로 감옥에 수감되기도 했던 그는 1836년 6월 26일 일흔여섯의 나이로 쓸쓸히 최후를 맞이했다.

그의 존재는 대중들의 뇌리에서 이내 잊혔다가 사후 70여 년이 지나 제1차 세계대전이 터지고, 이때 프랑스군의 입에서 「라마르세예즈」가 다시 울려 퍼지면서 그의 존재가 대중들 사이에 다시 회자되기 시작했다. 이후 그에 대한 예우가 격상되어 그의 시신은 나폴레옹과 그 휘하 장군들의 유해가 있는 파리의 '앵발리드Invalides' 군사박물관으로 옮겨졌다.

2.
예술과 문학으로 꽃핀 프랑스혁명

영화 〈레미제라블〉

거친 파도에 맞서 온몸으로 부서진 난파선을 끄는 죄수들의 웅장한 합창으로 시작하는 영화 〈레미제라블〉은 2012년 톰 후퍼 감독이 제작한 뮤지컬 영화로 국내에서도 큰 인기를 끌었다. 휴 잭맨(장발장), 러셀 크로우(자베르), 앤 해서웨이(판틴), 아만다 사이프리드(코제트), 이자벨 알렌(어린 코제트), 사챠 바론 코헨(테나르디에), 헬레나 본햄 카터(테나르디에 부인), 에디 레드메인(마리우스), 사만다 바크스(에포닌) 등 쟁쟁한 배우들이 출연한 이 영화는 1862년 프랑스의 소설가 빅토르 위고가 쓴 동명의 장편소설을 원작으로 하였다.

빅토르 위고가 60살에 집필한 이 작품은 우리에게는 『장발장』이란 제목의 동화책으로 그 내용이 널리 알려졌다. '레미제라블'을 번역하면 '불쌍한 사람들'이란 뜻인데 내용을 살펴보면 대략 다음과 같다.

배경은 1795년 겨울 프랑스, 주인공 장발장은 굶주리는 어린 조카들을 그냥 지켜볼 수 없어 빵 한 조각을 훔친 죄로 19년 동안 형무소에서 지내다가 46세가 되는 1815년에야 석방된다. 사람들은 모두 남루한 모습을 한 수상한 떠돌이를 냉정하게 대하지만 인자한 주교 미리엘은 그를 사제관 안으로 맞으며 귀한 은접시에 따뜻한 음식을 담아 대접한다.

그러나 내일의 끼니를 걱정해야 했던 그는 순간적인 욕심에 눈이 멀어 은접시를 훔친다. 얼마 지나지 않아 경찰에 잡힌 그를 위해 미리엘 주교는 그에게 준 선물이라고 거짓말을 하며 은촛대까지 들려 보낸다. 주교에 마음에 감화된 장발장은 이를 계기로 선한 삶을 살 것을 다짐한다.

그 후 마들렌이란 이름으로 신분을 바꾸고 북부 프랑스 몽페뢰이유쉬르 메르라는 작은 도시에서 사업가로 성공한 장발장은 마을 사람들의 신망을 받아 시장 자리에 오른다. 그러나 이곳에 배치된 기계적인 법의 집행자인 자베르 경감은 시장이 된 그를 의심하기 시작한다.

한편 영화의 또 다른 주인공인 판틴은 사생아인 딸 코제트를 여인숙을 운영하는 테나르디에 부부에게 맡기고 장발장의 공장에 취직해 매달 돈을 부친다. 그러나 판틴은 동료 여공들의 질투와 나쁜 소문에 시달렸으며 결국 사생아가 있다는 것까지 드러나면서 작업반장에게 쫓겨난다.

일자리를 잃은 그녀는 딸 코제트의 양육비를 벌기 위해 자랑이었던 머리카락과 이를 뽑아 판다. 결국 몸을 파는 거리의 여자가 되면서 점차 몸과 마음이 쇠약해지고 만다. 어느 날 그녀를 놀리는 남자한테 대들다 자베르 경감에게 잡혀가는데, 이를 지켜보던 마들렌의 도움으로 풀려나고 그의 보살핌을 받게 된다.

그런데 자베르 경감에게 신분이 들통 나 쫓기게 된 마들렌을 보며

레미제라블

판틴은 충격을 받고 쓰러진다. 장발장은 죽어가는 판틴 곁에서 그녀의
딸 코제트를 데려올 것을 약속했고 그를 쫓던 자베르에게 잠시 말미
를 줄 것을 부탁하지만 법 원칙주의자인 자베르는 이를 무시한다. 두
사람 사이에 격투가 시작되고 장발장은 창밖의 강물로 뛰어내린다.

탈출에 성공한 장발장은 성탄 전날 판틴과의 약속대로 코제트가
있는 여인숙에 가서 테나르디에 부부에게 돈을 지불하고 코제트를 데
려간다. 코제트는 장발장의 수양딸이 되고 그때부터 코제트는 장발장
의 헌신적인 보살핌을 받게 된다.

파리에 정착한 두 사람의 행복은 그리 오래가지 못했다. 자베르에게 살아 있다는 것이 탄로 난 것이다. 다시 도피행각에 나선 그들은 수도원으로 들어가 은신하게 되고, 코제트는 그 수도원에서 아름다운 아가씨로 자라난다.

신분을 감추고 조용히 지내던 두 사람 앞에 혁명을 꿈꾸는 청년 마리우스가 나타나고, 마리우스와 코제트는 서로를 사랑하게 된다. 그 사실을 알게 된 장발장은 질투심 때문에 괴로워한다. 결국 장발장은 영국으로 이민을 갈 결심을 굳혔고 마리우스는 이를 알고 낙담한다. 그리고 코제트의 집에 다시 찾아갔을 때 장발장과 코제트는 이미 사라진 이후였다.

때마침 1832년 6월 5일 공화파의 봉기가 일어났다. 마리우스도 시민군으로 참여하여 문짝과 가구들로 바리케이드를 치고 정부군과 대치하게 된다. 장발장도 여기에 참여하여 마침 시민군에게 체포된 자베르를 풀어주고, 정부군의 총격으로 부상당한 마리우스를 지하 하수도를 통해 구해낸다. 그 출구에서 다시 만난 자베르, 그러나 장발장의 선의로 인해 자신을 지탱하던 신념이 무너져버린 그는 두 사람을 무사히 바래다준 다음 센 강에 몸을 던져 자살하고 만다. 상처를 치료한 마리우스와 코제트는 결혼하고, 홀로 남겨진 장발장은 쇠약해져간다.

장발장은 뒤늦게 자신을 구해준 인물이 장발장인 것을 알고 찾아온 마리우스와 코제트의 품에서 숨을 거둔다. 가난과 바꿔버린 양심과 신부를 통해 얻은 깨달음, 그 깨달음을 타인에 대한 사랑과 용서로 바꿔 끊임없이 선의를 실천한 한 남자의 위대한 삶의 여정이었다.

1832년 6월 5일 공화파의 봉기 장면(영화 〈레미제라블〉의 한 장면)

빅토르 위고의 소설 『레미제라블』과 베토벤 교향곡 「영웅」

『레미제라블』의 작가 빅토르 위고는 1802년 2월 26일 동부 프랑스의 브장송에서 나폴레옹군의 장군 집안에서 태어났다. 1817년 그의 시가 아카데미 프랑세즈 콩쿠르에 입상하면서 문학의 길로 접어들었다. 위고의 문학적 경향은 1830년 7월 혁명이 일어날 무렵부터 인도주의와 자유주의로 기울었는데, 이러한 사상을 바탕으로 쓰인 소설이 우리에게도 익숙한 『노트르담의 꼽추』이다.

1848년 2월 혁명 이후는 공화주의에 기울어 1851년 나폴레옹 3세가 쿠데타로 제정을 수립하려 하자 이를 반대하다 결국 국외로 추방을 당했다. 그는 벨기에를 거쳐 영국 해협의 저지 섬과 건지 섬을 전전하며 19년에 걸친 긴 망명생활을 하였다. 그 기간 동안에 장편소설 『레미제라블』 등 여러 걸작을 저술했다.

1870년 보불 전쟁(프로이센과 프랑스 간의 전쟁) 후 나폴레옹 3세의 몰락과 함께 위고는 민중의 열렬한 환호 속에 귀국했다. 이후 빈민구제, 언론자유, 사형제 폐지, 의무교육 등의 인권, 민주주의 옹호 운동을 폈다.

빅토르 위고

그는 당시 이미 유럽 통합을 부르짖었으며 오늘날 저작권에 관한 가장 중요한 협약으로 꼽히는 베른 조약을 만드는 데도 주도적인 역할을 했다. 그렇게 국민적 작가로서 존경받는 삶을 살다가 1885년 5월 22일 눈을 감았고 그의 유해는 판테온에 안장되었다. 다음은 그의 유언장에 실린 글이다.

신과 영혼, 책임감. 이 세 가지 사상만 있으면 충분하다. 적어도 내겐 충분했다. 그것이 진정한 종교이다. 나는 그 속에서 살아왔고 그 속에서 죽을 것이다. 진리와 광명, 정의, 양심, 그것이 바로 신이다. 가난한 사람들 앞으로 4만 프랑의 돈을 남긴다. 극빈자들의 관 만드는 재료를 사는 데 쓰이길 바란다. 내 육신의 눈은 감길 것이나 영혼의 눈은 언제까지나 열려 있을 것이다. 교회의 기도를 거부한다. 바라는 것은 영혼으로부터 나오는 단 한 사람의 기도이다.

프랑스혁명의 격변기를 살았던 또 다른 예술가 중 대표적인 인물로 베토벤을 들 수 있다. 인간의 자유와 존엄을 외쳤던 프랑스혁명은 혈

루드비히 반 베토벤

기 왕성한 20세의 베토벤에게 큰 영향을 끼친 것으로 보인다. 혁명 이후 열렬한 공화주의자가 된 그가 나폴레옹에게 바치려 했던 교향곡 3번 「영웅」도 결국에는 혁명에 대한 열정을 표현한 것이다.

일개 포병장교였던 나폴레옹은 1795년 10월 5일 왕당파의 반란이 일어나자 의회군을 지휘하여 반란군을 평정함으로써 일약 사단장의 자리에 오르고, 마침내는 이탈리아에 주둔해 있던 오스트리아군을 물리치는 원정군 사령관이 되어 이탈리아를 정복하고 연전연승을 거두었다.

이러한 나폴레옹을 공화제와 시민들의 영웅이라고 생각한 베토벤은 세 번째 교향곡에 '보나파르트'라는 제목을 붙여 나폴레옹에게 헌정할 생각이었다. 그러나 베토벤은 나폴레옹이 황제가 되었다는 소식을 제자인 페르디난드 리스에게 전해 듣고 실망하여 '보나파르트'라고 적혀 있던 악보 표지를 찢어서 내동댕이치며 "결국 속물이었군. 그도 역시 야심을 채우려고 민중의 권리를 짓밟고 그 누구보다도 더 지독한 폭군이 되겠지!"라고 부르짖었다고 한다.

하지만 이미 만들어놓은 대작을 발표하지 않을 수는 없었기에 1806년 베토벤은 제3번 교향곡의 제목을 「영웅」으로 고치고 '한 사람의 영웅을 회상하기 위해 작곡함'이라는 문구를 덧붙였다.

「민중을 이끄는 자유의 여신」

프랑스혁명을 상징적으로 가장 잘 표현한 명화 「민중을 이끄는 자유의 여신」은 외젠 들라크루아의 작품이다.

19세기 낭만주의 예술의 최고 대표자로 손꼽히는 그는 1798년 프랑스 파리 근교에서 태어났다. 그의 어머니 빅투아르 외벤은 17~18세기에 왕실과 궁정에서 사용하는 가구를 만들었던 외벤 리즈너 가문의 후손이다. 그의 아버지 샤를 프랑수아 들라크루아는 원래 교사였으나 프랑스혁명에 적극적으로 참여한 진보적 성향을 지닌 인물로 1798년 당시 네덜란드 주재 대사를 역임했고, 그 뒤 나폴레옹 제정기에는 마르세유와 보르도 지사로 재직하다가 1805년에 세상을 떠났다.

아버지를 잃은 이듬해, 8살에 그는 파리 리세 앵페리알 기숙학교에 입학하여 17살이 될 때까지 고전 문학을 공부하며 음악과 미술에 심취했다. 1815년에 화가인 피에르 나르시스 게랭 남작의 제자가 되면서 본격적으로 화가의 길을 걷게 된다.

후대 사람들이 그의 대표작 가운데 하나로 꼽는 「민중을 이끄는 자유의 여신」은 프랑스혁명의 정신을 망각해 출판의 자유를 정지시키고 의회를 해산시키려 한 샤를 10세의 전제정치에 반발하여 파리 시민들이 일으킨 1830년 7월 혁명을 소재로 한 그림이다. 부친과는 달리 보수적인 성향을 지닌 그가 이런 작품을 남겼다는 점에서 매우

들라크루아 자화상

이례적이란 평가를 받기도 한다.

이 작품의 원제는 「1830년 7월 28일, 바리케이드를 향해 민중을 이끄는 자유의 여신」이다. 포연이 자욱한 가운데 반라의 여성이 장총과 깃발을 들고 맨발로 돌과 폐가구로 세운 임시 바리케이드와 시체를 뛰어넘어 전진하며 민중을 선도하고 있다.

이 여인은 제목에서 드러나듯이 자유의 여신이며 그 이름은 '마리안'이다. 마리안은 자유를 갈망하는 프랑스공화국의 정신을 여성으로 의인화한 것이다. 그녀가 들고 있는 깃발은 삼색기로 프랑스혁명의 정신인 자유와 평등, 박애를 나타낸다.

자유의 여신은 프랑스혁명의 상징인 프리지안 모자를 쓰고 여신의 옆에 양손에 권총을 쥔 소년은 당시 프랑스 대학생들이 사용하던 학생용 베레모를 썼다. 화가의 친구이자 열렬한 공화주의자였던 에틴 아

「민중을 이끄는 자유의 여신」(들라크루아, 루브르 박물관)

고라라 한다. 그리고 왼쪽의 허리춤에 권총을 끼고 한 손엔 칼을 쥐고 있는 노동자는 머리에 루이 필립을 상징하는 장식을 붙였다.

그 옆에 톱 해트, 일명 마술사 모자를 쓰고 신사 정장을 입은 중년의 남자는 작가인 들라크루아 자신으로 알려져 있다. 이처럼 이 작품엔 노동자, 부르주아, 학생 등 다양한 계층의 시민들이 등장함으로써 민중이 역사의 주체라는 것을 암시한다.

1830년 10월 18일 형 샤를 앙리에게 보낸 편지에서 들라크루아는 이 작품의 제작 동기를 이렇게 밝혔다.

나는 현대적인 주제, 즉 바리케이드전戰을 그리기 시작했습니다. 나는 조국의 승리를 위해 직접 나서지는 못했지만 그래도 조국을 위해 이 그림을 그리고 싶습니다.

1831년 살롱에 출품되어 상당한 호평을 받았으며, 1848년 시민의 추대로 왕위에 오른 루이 필리프가 자신을 왕좌에 올린 민중들과 함께한다는 내색을 하고자 이 그림을 샀지만, 단 한 번도 공개적으로 전시되거나 공식적인 장소에 걸어놓지 않았다. 그 후 나폴레옹 3세 때 파리 만국박람회에 전시되었다가 들라크루아가 죽은 뒤인 1874년 루브르 박물관에 소장되었다.

3.
프랑스혁명의 역사를 찾아서

프랑스혁명은 프랑스는 물론 세계 역사에 끼친 영향이 매우 크다. 보통 프랑스혁명 하면 1789년 7월 14일 바스티유 감옥 습격으로 시작되는 몇 년간을 말하는 것으로 이해하기 쉽지만, 혁명은 여기에서 그치지 않고 1830년 7월 혁명과 1848년 2월 혁명으로 이어졌는데 이것을 통칭하여 프랑스혁명이라고 한다.

『레미제라블』은 이 중 1832년 6월 5일과 6일에 걸쳐 있었던 파리의 공화파 봉기를 배경으로 한다. 여기서는 레미제라블에서 언급되지 않은 프랑스혁명에 대해 간단히 살펴보겠다.

프랑스혁명이 일어나기 전인 18세기 말의 프랑스는 세 가지 신분으로 이루어진 신분제 사회였다. 제1신분인 성직자와 제2신분인 귀족은 극소수였지만 정치사회적 특권을 누리며 막대한 재산과 토지를 독차지하고 면세 혜택까지 누렸다.

그런데 인구의 대다수를 차지하는 제3신분인 평민들은 신분제의 굴레 때문에 고위 관직에 진출할 수도 없었으며 무거운 세금에 시달렸다. 하지만 제3신분 중에서도 시민 계급은 상공업으로 부를 축적하고 계몽사상의 영향을 받아 점차 영향력을 확대해나갔다. 이들은 성직자와 귀족들의 특권을 비판하는 등 낡은 구체제의 모순을 타파하고 평등사회로 나아갈 것을 주장했다.

그럼에도 불구하고 당시 왕실은 사치와 영국을 견제하기 위한 미국 독립전쟁을 지원하느라 국가재정이 파탄상태에 이르렀다. 국왕인 루이 16세는 1789년 5월 5일 이를 해결하려고 세 신분의 대표로 구성된 삼부회를 소집했다.

베르사유 궁전에서 열린 삼부회에 모인 제3신분은 신분별이 아니라 머릿수에 따른 표결 방식을 주장했다. 이것이 받아들여지지 않자 1789년 6월 20일 테니스 코트에서 국민의회를 결성하고 자신들의 요구가 관철될 때까지 해산하지 않을 것을 결의했다. 루이 16세는 이들을 탄압했다.

1789년 7월 14일, 이에 대한 반발로 민중들이 봉기하여 바스티유 감옥을 습격하면서 혁명의 불길이 전국으로 확산되었다. 이날은 오늘날 프랑스의 국경일이 되었다.

바스티유 감옥은 원래 파리 동부를 방어하기 위한 요새로 세워졌는데, 이후 정치범을 수용하는 곳이 되어 압제의 상징과도 같은 곳이었다. 바스티유 감옥은 그해 11월 완전히 철거되었고 현재 광장 중앙에는 1830년 7월 혁명 당시 목숨을 잃은 파리 시민들을 기리기 위해 7월 혁명 기념탑이 세워져 있다.

이 기념탑은 7월 혁명으로 왕위에 오른 루이 필리프 1세의 주장으로 만들어지기 시작하여 1840년에 완성되었다. 높이 54미터의 코린트 양식의 청동 기둥으로 꼭대기에는 자유의 천사상이 있는데 손에는 압제를 끊어낸 쇠사슬과 횃불을 들고 있다. 내부는 나선형 계단으로

7월 혁명 기념탑

되어 있어 올라갈 수 있으며 기둥 벽면에는 혁명 희생자들의 이름이 금으로 새겨져 있다. 지하에는 1830년 7월 혁명의 희생자 615명을 안치한 납골당이 있는데, 이후에 1848년 2월 혁명 희생자 200명도 안치되었다.

국민의회는 '인간과 시민의 권리선언(인권선언)'을 발표하여 봉건제도의 폐지를 알리며 새로운 헌법을 제정했으며 이에 따라 입법의회가 구성되었다.

프랑스군은 라인 강을 사이에 둔 프로이센군과의 전쟁에서 처음에는 패전을 거듭했지만 입법의회가 위기를 호소하면서 많은 사람들이 프랑스 의용군에 자원함으로써 전쟁을 승리로 이끌었다. 이로써 입법의회 대신 국민공회가 소집되어 왕정이 폐지되고 공화정이 수립되었다.

파리에서 연금 상태에 놓였던 루이 16세는 1791년 6월 20일 가족들과 함께 국외로 도망가다가 국경지대인 바렌에서 체포되어 다시 파리로 연행되었다. 그런 가운데 프랑스혁명의 여파가 자국에까지 미치게 될까 우려한 오스트리아와 프로이센 등 주변국의 군주들은 프랑스에 전쟁을 선포함으로써 1792년 4월 혁명전쟁이 시작되었다.

국민공회는 온건파 혁명가들로 구성된 지롱드당과 과격파 혁명가들로 구성된 자코뱅당이 주도했는데 이들은 1792년 말 루이 16세의 처형 문제를 놓고 첨예하게 대립했다. 결국 로베스피에르가 이끈 자코뱅당의 주도로 루이 16세와 왕비 마리 앙투아네트는 단두대에서 처형되고 이후 자코뱅당의 독재가 시작된다.

이들은 혁명에 반대하는 사람들은 물론 일부 온건파 혁명가들마저 반혁명분자로 몰아 대대적으로 처형한다. 이런 공포정치는 결국 시민들의 반발을 사게 되었고 1794년 로베스피에르 일파도 온건파들에 의해 처형당하면서 공포정치는 막을 내리고 1795년 총재 정부가 수립되었다.

루이 16세와 왕비 마리 앙투아네트, 루이 15세의 애첩 듀바리 부인 등 귀족과 롤랑 부인과 같은 혁명가들이 처형된 콩코르드 광장은 1755년 루이 15세에 의해 건설되었고 당시 루이 15세의 동상이 중앙에 있었기 때문에 '루이 15세 광장'이라고 불렸다. 그러나 프랑스혁명 때 동상이 철거되고 단두대가 설치되면서 '혁명광장'으로 불리다가 그 후 공포정치가 끝나고 '화합'을 의미하는 '콩코르드' 광장으로 바뀌었다.

총재 정부는 무능과 부패로 인해 시민들에게 외면당했고 이 틈을 탄 나폴레옹이 1799년 11월 쿠데타를 일으켜 정권을 장악하고 통령정부를 수립했다. 나폴레옹은 제1통령으로 취임했고 1804년에는 제정을 선포하고 황제에 즉위한다.

그는 국내 개혁을 추진하는 한편 해외원정을 감행하여 유럽 대부분을 정복하고 자유, 평등, 박애라는 프랑스혁명의 이념을 유럽에 전파시켰다. 그러나 그 영향으로 독일 등 유럽 각국에서는 프랑스에 대항하여 민족의 단결을 외치는 민족주의 운동이 일어나게 된다.

나폴레옹은 영국을 고립시키기 위해서 유럽대륙과 영국의 통상을 금하는 대륙봉쇄령을 내렸다. 러시아가 이를 어기자 나폴레옹은 1812년 러시아 정벌에 나섰지만 패하였다. 이때 기회를 노리던 유럽 각국은 1813년 대프랑스동맹을 결성하여 프랑스군을 격파했다. 엘바 섬에 유배된 나폴레옹은 1815년 탈옥하여 재기했으나 다시 워털루 전투에서 패함으로써 몰락하고 말았다.

나폴레옹이 몰락한 후, 유럽의 군주와 귀족 등 복고 세력들은 프랑스혁명 정신이 확산되는 것을 막으려 했다. 그들은 오스트리아 빈에 모여 새로운 국제 질서를 모색했는데 이를 빈 체제라고 한다. 빈 체제에 의해 유럽과 라틴아메리카 각국에서 일어난 자유주의 운동, 민족주의 운동이 탄압받게 되었고 프랑스에서는 왕정복고가 이루어졌다.

1815년의 왕정복고로 인해 왕위에 취임한 루이 18세는 프랑스혁명으로 이루어진 모든 성과를 무시하고, 시대착오적인 전제정치를 단행했다. 1824년에 루이 18세의 뒤를 이어 왕위에 오른 샤를 10세는 단두대에서 사라진 루이 16세의 동생이었다. 그는 의회를 해산하고 시민의 자유를 제한하는 폭정을 일삼았다. 이에 시민들은 1830년 7월 혁명을 일

콩코르드 광장

으켜 샤를 10세를 몰아내고 루이 필리프를 추대하여 왕으로 삼았다.

그러나 7월 혁명 이후 즉위한 루이 필리프가 소수의 부유층과 대지주들의 이익만을 보호하고 여전히 상층 시민 계급에만 선거권을 허용하자, 공화주의자와 하층 시민 계급과 노동자들이 선거권 확대를 비롯한 정치적 개혁을 요구하는 집회를 열었다. 정부가 군대를 동원하여 이를 탄압하자, 1848년 2월 혁명을 일으켜 루이 필리프를 영국으로 쫓아냈다. 이를 2월 혁명이라고 한다.

그 결과 프랑스에는 공화정이 수립되었고 프랑스 2월 혁명이 유럽 각국으로 퍼져 나가면서, 그동안 유럽 사회를 지배해오던 낡은 관습과 제도 등을 완전히 새롭게 바꾸는 대변화를 가져왔다. 벨기에는 네덜란드 연합 왕국으로부터 독립했으며 오스트리아와 독일에서는 3월 혁명이 일어나 빈 체제가 붕괴되었다. 또 이탈리아와 독일에서는 통일 운동이 일어났다.

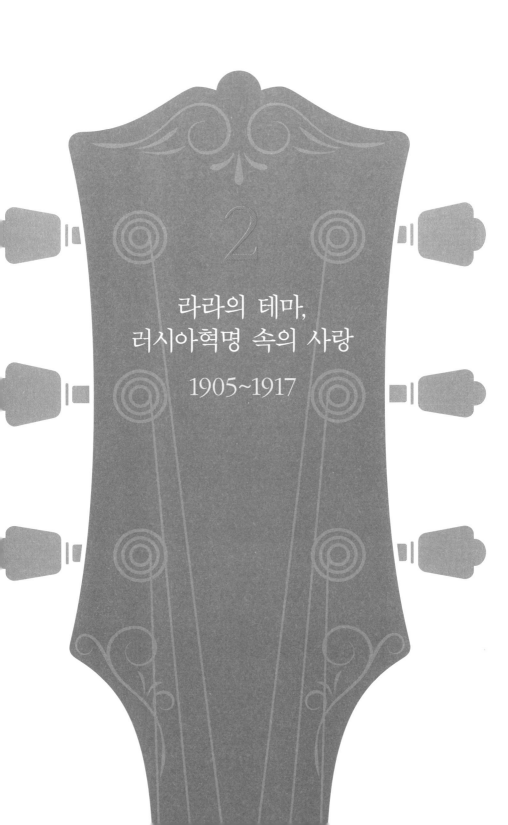

2

라라의 테마,
러시아혁명 속의 사랑

1905~1917

1.
쇼스타코비치의 「교향곡 제11번」

    '1905년'이라는 부제가 붙은 드미트리 쇼스타코비치의 교향곡 제11번은 러시아혁명의 시작을 알리는 '피의 일요일' 사건을 소재로 한 작품이다. 1906년 러시아 상트페테르부르크에서 태어난 그는 13살인 1919년에 페테르부르크 음악원에 입학하여 1925년 음악원 졸업 작품으로 「교향곡 제1번」을 발표했는데 이것이 엄청난 반향을 불러일으켰다.

    이후 이 곡이 서방 세계에 소개되면서 그는 일약 세계적인 작곡가로 명성을 얻게 되었다. 그 후 그는 「교향곡 제2번 '10월 혁명에 바침'」을 비롯한 여러 교향곡을 연속으로 발표하면서 그 명성을 이어갔다. 그러나 1930년대로 접어들어 스탈린의 공포정치가 시작되자 그는 다른 예술인들과 마찬가지로 숙청의 공포에 시달렸다.

    그러던 중 제2차 세계대전이 발발했고 1941년 6월, 독일의 히틀러가 소련을 침공했다. 마침내 독일군에 의해 역사상 가장 긴 도시전투인 레닌그라드(현재 상트페테르부르크) 포위전이 1941년 9월 8일부터 시작되었다. 무려 872일 동안 지속된 이 전투는 약 300만 명의 사상자

드미트리 쇼스타코비치

를 내고 1944년 1월 27일 소련의 승리로 끝났다.

그러나 이 기간 동안 레닌그라드의 시민들과 군인들은 상상을 뛰어넘는 고통을 감내해야만 했다. 추위와 굶주림 속에서도 그들은 각기 맡은 일을 해내며 도시를 지켰다. 이때 쇼스타코비치도 레닌그라드 음악원 소방대원으로 활동하면서 포성이 진동하는 가운데 1941년 12월 「교향곡 제7번 '레닌그라드'」를 완성했다. 이 곡은 레닌그라드가 아니라 볼가 강 유역의 쿠이비셰프에서 이듬해인 1942년 3월 5일에 초연되었다.

이 곡의 악보는 마이크로필름 형태로 미국에 보내져 토스카니니의 지휘로 국립방송교향악단 오케스트라의 연주로 1942년 7월에 초연되어 큰 인기를 끌었다. 그리고 독일군의 포위 속에서 1945년 8월 9일 마침내 레닌그라드에서 이 곡이 공연되어 전쟁으로 심신이 지친 시민들을 위로하고 항전 의지를 드높였다.

그 후 이 곡은 레닌그라드 시에 헌정되었고 쇼스타코비치는 이 작품으로 스탈린상을 수상하는 영예를 안았다. 1945년, 쇼스타코비치는 스탈린으로부터 관현악과 합창, 독창이 들어 있는 자신에게 바치는 찬가를 작곡하라는 명령을 받았다.

그러나 스탈린의 의도와는 달리 합창과 독창도 없고 스탈린에게 바치는 헌사도 없는 밋밋한 교향곡을 만들어 스탈린의 심기를 불편하게 하여 정권의 핍박을 받아야만 했다. 1953년에 스탈린이 죽자 쇼스타코비치는 스탈린이 강제수용소로 보낸 예술가들의 복권을 요구하는 호소문을 쓰고 서명 운동을 벌였다.

그러던 중 1956년 가을부터 1905년 혁명을 주제로 한 「교향곡 제11번 G단조 작품 103 '1905년'」을 작곡하기 시작하여 다음 해인 1957년 9월에 비로소 완성했다. 그리고 이 작품은 '10월 혁명' 40주년 기념일에 즈음해 초연되어 서방 세계에 널리 알려졌다.

1958년부터 이탈리아·영국 등 전 유럽으로 순회공연을 다니는 등 활발한 음악활동을 펼쳤다. 1970년 이후부터 건강이 악화되어 결국 1975년에 비올라 소나타를 마지막으로 완성한 뒤 모스크바에서 세상을 떠났다. 유해는 모스크바 인근에 위치한 노보데비치 묘지에 안장되었다.

2.
예술과 문학으로 꽃핀 러시아혁명

영화 〈닥터 지바고〉

내가 학창 시절 영화를 볼 수 있는 방법은 두 가지였다. 단체 영화를 보거나, 학교 선생님들의 눈을 피해 직접 영화관에 가서 일명 도둑 영화를 보는 방법밖에 없었다. 단속 나온 선생님께 들킬까 봐 가슴 졸이며 보았던 영화들 중 오랫동안 가슴 아리던 영화 〈닥터 지바고〉를 얼마 전 TV에서 다시 보았다.

다시 보아도 마지막 장면은 애잔하기만 하고 영화 전편에 흐르는 주제 음악 「라라의 테마」Lala's Theme; Somewhere My Love」가 며칠 동안 귓가에 맴돌았다.

〈닥터 지바고〉는 보리스 파스테르나크의 소설을 〈아라비아의 로렌스〉, 〈인도로 가는 길〉 등을 감독한 거장 데이비드 린이 영화화했고, 1965년 아카데미 5개 부문을 수상했다. 「라라의 테마」로 대표되는 영화음악 또한 그와 오랫동안 호흡을 맞춰온 프랑스 리옹 출신인 작곡가이자 지휘자 모리스 자르가 맡았으며, 그는 이 작품으로 아카데미

닥터 지바고

영화음악상을 수상했다.

　모리스 자르는 「라라의 테마」에서 러시아 민속악기인 발랄라이카의 애절한 떨림으로 지바고와 라라의 안타까운 사랑과 이별의 표현을 극대화시켰다. 이 음악의 탄생 비화를 살펴보자.

　모리스 자르와 린 감독은 기존의 러시아 민속음악을 편곡해 주제음악으로 쓰려고 했지만, 영화의 느낌을 제대로 전달할 수 없다고 판단해 마음을 바꿔 새로운 영화음악을 작곡하기로 결정했다고 한다.

　그 후 몇 곡을 만들어봤지만 영화의 방대한 스케일과 주인공들의 섬세한 감정을 표현하기엔 부족하다 느껴 고민하던 모리스 자르에게 린 감독은 주인공인 지바고처럼 고립된 산속에서 작업해보는 게 어떻 겠냐고 권유했다.

권유를 받아들인 그는 몇 달 동안 산속에 들어가 지바고가 처한 절 박한 상황을 체험하면서 마침내 주인공들의 절절한 사랑과 아픔, 그리 고 애틋한 이별 등의 감정을 담은 「라라의 테마」를 만들어냈다.

한편, 데이비드 린 감독은 거 장답게 유리 지바고 역의 오마 샤리프, 아내인 토냐 역의 제랄 딘 채플린(찰리 채플린의 딸), 비 운의 여인 라라 역의 줄리 크리 스티, 라라의 남편이자 열성 혁 명가 파샤 역의 톰 코트니 등 당대 유명 배우와 유망주들을 캐스팅하여 광활한 러시아 설

닥터 지바고 역의 오마 샤리프

원을 배경으로 한 대서사극을 완성시켰다. 그러나 시베리아 횡단 설국 열차를 타고 동토로 이동하는 장면을 비롯한 설원의 풍경은 실제 러 시아보다는 스페인과 핀란드, 캐나다에서 촬영되었다고 한다.

이 영화는 1905년 러시아혁명과 1914년 제1차 세계대전, 1917년 2월 혁명과 10월 혁명 등 전쟁과 혁명이라는 역사의 소용돌이 속에서 한 개인의 소박한 삶과 문학에 대한 꿈이 처참하게 무너지는 과정을, 또 이런 상황에서 역사가 갈라놓은 두 연인의 애틋한 사랑과 가슴 아픈 이별 이야기를 담은 대서사극이다.

〈닥터 지바고〉의 원작자 보리스 파스테르나크는 1890년 모스크바

에서 예술학교 교수이자 화가인 아버지와 피아니스트 어머니 사이에서 태어났다. 소년 시절 음악에 심취해 모스크바 음악학교에서 작곡 공부를 하다 1909년에 음악가의 길을 접고 모스크바 대학 철학과에 입학했다. 대학을 졸업한 이듬해인 1914년 처녀시집 『구름 속의 쌍둥이』를 발표하면서 시인의 길로 들어섰다.

보리스 파스테르나크

그의 첫 소설이자 자전적 소설인 『닥터 지바고』는 57세가 되던 해인 1946년 당시 35세의 미망인 올가 이빈스카야를 연인으로 만나면서 그녀에게 영감을 얻어 10년간 집필한 후 1956년에야 완성되었다. 이 작품에는 그가 직접 겪었던 혁명과 전쟁의 역사가 담겨 있다. 그 여파 속에서 주인공인 지바고처럼 지식인으로서 겪어야 했던 정신적 방황과 아내 지나이다와 연인 이빈스카야 사이를 오가며 나눈 사랑 등의 경험을 녹여냈다.

그러나 이 작품은 러시아혁명의 본질을 왜곡하고 비방했다는 이유로 러시아에서의 출판이 여의치 않았다. 다음 해 이탈리아 밀라노에서 처음 출판된 후 국제적인 명성을 얻었으며 마침내 1958년 노벨문학상 수상자로 선정되는 영예를 얻었다. 그러자 소련 당국은 수상을 포기하도록 그를 압박해 결국 노벨상 창설 이래 최초로 수상을 거부하는 사태가 발생했다.

그러나 사태는 여기서 그치지 않았다. 소련작가동맹에서는 그에게 제명 소식을 통보했고 동료 문인들로부터도 매국노라는 거센 비난을 받게 되었다. 심지어 국외 추방을 요구하는 지경에까지 이르자 그는 1958년 10월 당서기 흐루시초프에게 탄원서를 보내 결국 추방만은 면하게 되었지만 그로 인한 심신의 상처가 깊어져 1960년 5월 30일 암으로 세상을 떠났다.

파스테르나크의 애인이었던 올가 이빈스카야

파스테르나크 사후 소련 당국과 소련작가동맹은 그의 흔적을 지우는 작업에 돌입하여 그가 남겼던 『닥터 지바고』원고 일부를 비롯해 많은 원고와 유품들을 압수했다. 이어서 소련의 비밀경찰인 KGB는 그의 연인 이빈스카야와 그녀의 딸을 체포하여 이빈스카야는 4년간, 딸 이리나는 2년간 강제노동수용소로 보내 고초를 겪었다.

이후 고르바초프 정권이 들어선 1987년 30년 만에 파스테르나크의 복권이 이루어짐에 따라 『닥터 지바고』가 고국에서 발간되었고, 그의 사후에 만들어진 데이비드 린의 영화 〈닥터 지바고〉 역시 1994년에야 러시아에서 상영될 수 있었다.

근대 러시아 문학의 창시자, 푸시킨

19세기 초부터 20세기 초까지 격동의 러시아 역사에서 러시아 문학은 오히려 황금기를 맞는다. 이 시기에 우리에게도 생소하지 않은 이름인 푸시킨, 도스토옙스키, 톨스토이, 안톤 체호프 등 걸출한 작가들이 배출되었다. 먼저 근대 러시아 문학의 창시자로 알려진 푸시킨에 대해 살펴보자.

삶이 그대를 속일지라도 슬퍼하거나 노여워하지 말라
슬픔의 날 참고 견디면 기쁨의 날이 오리니
마음은 미래에 살고 현재는 늘 슬픈 것
모든 것은 순간에 지나가고 지나간 것은 다시 그리워지나니

삶이 그대를 속일지라도 노하거나 서러워하지 말라
절망의 나날 참고 견디면 기쁨의 날 반드시 찾아오리라
마음은 미래에 살고 현재는 언제나 슬픈 법
모든 것은 한순간에 사라지지만 가버린 것은 마음에 소중하리라

삶이 그대를 속일지라도 슬퍼하거나 노하지 말라
우울한 날들을 견디며 믿으라, 기쁨의 날이 오리니
마음은 미래에 사는 것 현재는 슬픈 것
모든 것은 순간적인 것, 지나가는 것이니
그리고 지나가는 것은 훗날 소중하게 되리니

삶이 그대를 속일지라도 슬퍼하거나 노하지 말라
설움의 날은 참고 견디면 기쁨의 날이 오고야 말리니

평소 문학에 관심이 없는 사람이라 하더라도, 이 시는 어디선가 한 번쯤 들어보지 않았나 싶다. 어린 시절 필자는 자주 다니던 이발소 벽면을 장식한 액자 안에서 이 시를 처음 접한 기억이 있다.

그 후 이발하러 갈 때마다 무료해서 그 시를 되뇌곤 했었는데 정작 작자인 푸시킨에 관해서는 전혀 몰랐다. 다만 슬프고 서러운 우리의 현실을 참고 견디면 미래엔 기쁘고 좋은 날이 오리라는 희망을 노래한 이 시가 그 시기 우리들의 어렵고 힘든 삶의 현실에 비춰 제법 어울린다 생각하였다.

세월이 흘러 대학 시절, 우연히 다시 접한 이 시가 희망가인지 체제 순응에 딱 안성맞춤인 노래인지를 놓고 토론한 적이 있었다. 그 내용은 지금 잘 기억나지 않지만 그 일을 계기로 푸시킨에 대해 관심을 갖게 되었다.

알렉산드르 세르게예비치 푸시킨Aleksandr Sergeevich Pushkin은 1799년 모스크바의 명문 귀족 가문에서 태어났다. 오늘날 상트페테르부르크에서 남쪽으로 20여 킬로미터 떨어진 곳에 푸시킨 시가 있다. 18세기 초 표트르 1세가 건설했으며 본래 이름은 '차르스코예 셀로'로 '황제의 마을'이란 뜻을 지녔다.

러시아의 가장 위대한 시인이며 근대 러시아 문학의 창시자로 알려진 푸시킨이 공부했던 귀족학교 '리체이'가 있었기에 푸시킨 서거 100주년인 1937년 그의 이름을 따 푸시킨 시로 명명되었고 학교명도 이때 '푸시킨'으로 바뀌었다.

1811년 푸시킨은 이 학교에 들어가 진보적인 낭만주의 문학 그룹에 참여했다. 1817년, 18세였던 그는 학업을 마치고 상트페테르부르크 외무성 서기로 들어갔지만 혁명적 사상가 및 운동가들과 교류하면서 러시아의 근대화를 위해서는 전통적인 농노제를 폐지해야 한다는 사상을 굳혔다.

알렉산드르 세르게예비치 푸시킨

결국 그의 이러한 활동이 화근이 되어 1820년부터 5년 동안 크림 반도와 카프카스, 오데사 등지를 전전하다가 1824년에 미하일로프스코예에서 유배 생활을 한다. 이 기간에 그는 러시아 민중들의 삶의 애환을 담은 작품들을 집필했는데 대표작인 「삶이 그대를 속일지라도」도 이 시기에 쓰였다. 또 다른 대표작인 운문소설 『예브게니 오네긴』도 이때 작품인데 훗날 차이코프스키의 오페라로 재탄생되어 현재까지도 세계 각국에서 공연되고 있다.

1831년, 푸시킨은 당시 16세의 나탈리야 곤차로바와 결혼했으나, 그와 결혼하기 전부터 러시아 상류 사회 사교계의 꽃이었던 곤차로바는 1897년 프랑스 기병장교인 조르주 단테스와 염문설에 휩싸였다. 그는 남편으로서의 명예를 지키기 위해 단테스에게 무모한 결투를 신청했고 결국 2월 8일 상트페테르부르크 교외에서 결투를 하다가 복부에 치명상을 입고 이틀 뒤인 2월 10일에 38살의 나이로 생을 마감했다.

"삶이 그대를 속일지라도 슬퍼하거나 노여워하지 말라."

러시아가 낳은 세계적인 대문호, 도스토옙스키

 이제 세계문학사상 가장 위대한 소설가로 손꼽히는 표도르 도스토 옙스키에 대해 살펴보자. 얼마 전 유튜브에 〈어느 사형수의 5분〉이라 는 영상물이 올라와 화제가 되었다.

 5분이라는 짧은 시간 동안 삶과 죽음의 경계에서 고뇌하다 극적으 로 살아난 이 이야기가 실화이기 때문에 화제가 되기도 했지만 그 사 람이 바로 『죄와 벌』, 『카라마조프가의 형제들』, 『가난한 사람들』, 『지 하 생활자의 수기』, 『백치』, 『악령』 등의 저자로 톨스토이와 함께 19세 기 러시아 문학을 대표하는 세계적인 문호인 도스토옙스키였기에 더 욱 그러했다.

 1분이 지나면……. 그러면 끝이다.

 코샤크 사람들은 저편에서 사격을 위해 대열을 이룬다.

 총을 멘 벨트는 흔들리고……

 손들은 방아쇠 소리를 내고…….

 북은 울려서 공기를 가른다.

 그 1초는 수천 년 나이를 먹게 한다.

 그때 외침소리 하나.

 멈추어라.

슈테판 츠바이크의 『광기와 우연의 역사』에서

도스토옙스키는 1821년 모스크바 빈민구제병원 의사 마하일 안드레

비치와 마리아 네차예바의 둘째 아들로 태어났다. 1837년 어머니가 폐결핵으로 사망하자 아버지는 장남 미하일과 당시 16세였던 도스토옙스키를 공병사관학교에 입학시키기 위해 상트페테르부르크로 보냈다. 1843년에 공병사관학교를 졸업한 후 육군성 제도국 소위로 임관했으나, 문학에 전념하기 위해 1844년에 제대했다.

1845년 24살에 첫 장편소설인 『가난한 사람들』을 발표하여 당대 비평계의 거물인 벨린스키에게 극찬을 받으며 화려하게 문단에 데뷔했다. 당시 동년배인 작가 미하일 페트라셰프스키의 집에 청년 문학도들이 매주 금요일마다 모여 문학과 시국에 대한 토론을 하는 모임을 가졌는데, 그는 여기에 참여했다.

이 모임은 주로 현실 체제를 비판하는 비밀 모임이었는데, 여기서 도스토옙스키는 자유주의적인 발언을 하고 절대 왕정을 옹호하는 입장을 취한 문학가 고골리를 비난하는 벨린스키의 「고골리에게 보내는 편지」를 낭독했다는 이유로 1849년 4월 23일 당국에 체포되었다.

그는 페트라셰프스키와 함께 사형을 언도받았으나, 총살형이 집행되기 직전에 황제의 특사로 형 집행이 중지되고 징역형으로 감형되어 시베리아로 유배되었다. 죽음의 문턱에서 극적으로 생환한 경험은 그후 그의 작품세계에 큰 영향을 끼쳤으며 그때의 심경을 『백치』라는 작품을 통해 담아냈다.

1854년까지 수감 생활을 마치고 출소한 후 시베리아 국경수비대에서 4년간 사병으로 근무하던 중, 1857년 당시 29세였던 미망인 마리야 드미트리예브나 이사예바와 결혼했다. 그러나 그녀는 결혼 전부터 사귀던 다른 남자가 있었다.

도스토옙스키는 1859년에 상트페테르부르크로 귀환한 뒤 왕성한

표도르 도스토옙스키

작품 활동에 매진했다. 그러다 1861년 아폴리나리야 수슬로바와 만나 사랑의 도피여행을 떠났으나 둘의 관계는 얼마 가지 않아 파탄이 나고 1864년에는 아내마저 죽음을 맞는다.

이후 한동안 도박과 실의에 빠져 있던 그는 빚을 갚기 위해 다시 붓을 들었으며 이때 자신의 열렬한 팬인 안나 스니트키나를 속기사로 고용한다. 1866년에 출간된 『도박꾼』과 그의 걸작 『죄와 벌』은 도스토옙스키가 구술하면 그녀가 받아쓰는 방식으로 집필되었다. 그런 과정을 거치면서 사랑의 감정이 싹튼 도스토옙스키는 그녀에게 청혼했고, 1867년 4월에 결혼을 하게 되는데 당시 그녀는 스물한 살, 도스토옙스키는 마흔여섯 살이었다.

안나의 헌신적인 노력으로 안정된 삶을 찾은 도스토옙스키는 1880년 최후의 걸작인 장편 『카라마조프의 형제들』을 완성하고 그로부터 몇 달 후인 1881년 1월 28일에 폐동맥 파열로 인해 사망했는데 그의 나이 예순 살이었다.

러시아 사실주의 문학의 대가, 톨스토이

러시아 사실주의 문학의 대가로 『전쟁과 평화』, 『안나 카레니나』, 『바보 이반』, 『부활』의 저자인 레프 톨스토이에 대해 살펴보자. 톨스토이는 1828년 9월 9일에 모스크바 남쪽 툴라 근처의 야스나야 폴랴나에서 니콜라이 일리치 톨스토이 백작과 그의 부인 마리야 톨스타야의 넷째 아들로 태어났다.

그는 두 살 때 어머니를 잃고, 여덟 살이 되던 해 아버지마저 세상을 떠나자 친척집에 맡겨져 내성적인 소년으로 자랐다. 열여섯 살 때 카잔 대학에 입학해 법학을 공부했으나 3년 만에 중퇴하고 1847년 자신의 영지가 있는 야스나야 폴랴나로 귀향한다.

비록 자신은 부유한 귀족이었지만 귀족들을 비판하며 농민을 사랑했던 톨스토이는 그곳에서 농지개혁을 시도했으나 그의 꿈은 이상에 그쳐 결국 실패했고, 상심한 그는 이내 방탕한 생활에 빠져들었다.

마침내 마음을 추스르고자 입대를 결심하고 1851년에 카프카스로 가서 포병대 장교로 근무하는 동안 작품 활동에 매진했다. 그는 자서전적인 처녀작『유년시절』,『소년시절』,『청년시절』 3부작과 1854년 크림전쟁에 참전한 경험을 바탕으로 한『세바스토폴리 이야기』 등을 발표하여 일약 유명세를 타게 된다.

1862년, 34살의 톨스토이는 18살의 소피야 안느레예브나 베르스와 결혼한다. 결혼 후 톨스토이는 더욱 창작활동에 매달려 대표작이라 할 수 있는『전쟁과 평화』,『안나 카레니나』 등을 집필하여 대문호로 명성을 드높였다.

『전쟁과 평화』는 1805년 제1차 나폴레옹 전쟁 직전부터 1812년의 모스크바 원정, 1825년 데카브리스트(12월 혁

레프 톨스토이

명당원)들의 혁명 전야까지 약 20년간에 걸친 러시아 역사를 재현해놓은 작품이다. 할리우드에서 오드리 헵번, 헨리 폰다가 주연을 맡은 영화로 제작되어 세계적으로 크게 히트했다(러시아판이 원작의 맛을 훨씬 더 잘 살렸다는 평가를 받았다). 톨스토이는 이 작품에서 역사를 움직이는 주체는 절대 권력자가 아니라, 민중이라는 것을 웅변하고 있다.

『안나 카레니나』 또한 명작으로 여러 차례 영화나 TV 시리즈로 제작되었는데 그레타 가르보, 비비안 리, 소피 마르소 등 정상급 여배우들이 주연을 했으며 가장 최근에는 2013년 키이라 나이틀리가 주연을

안나 카레니나

맡았다.

러시아 사실주의 문학의 대표작이자 『전쟁과 평화』, 『부활』과 더불어 톨스토이의 3대 걸작 중 하나로 꼽히는 이 소설은 19세기 러시아 사회의 풍속도와 여성의 애정 심리를 밀도 있게 묘사한 명작으로 평가받고 있다.

그러나 잇따른 작품의 성공에도 불구하고 50살을 전후해 톨스토이는 삶에 대한 깊은 회의에 빠져 정신적 고뇌를 겪는다. 이후 그는 소설가가 아닌 사상가로 거듭나게 되는데 민중을 속박하는 정부와 교회를 비판하고 청빈, 금욕, 비폭력, 박애정신이 그의 중심 사상이 된다.

민중과 함께하는 삶, 기독교적 삶과 사랑의 실천을 통해 자신의 이상을 실현하고자 했던 톨스토이가 일흔 살이 되던 해인 1899년 그의 이러한 사상을 담은 걸작 『부활』이 탄생한다.

그러나 구도자로서의 현실과 이상의 괴리, 부인 소피아와의 갈등으로 괴로워하다가 1910년 10월 28일 새벽에 가출하면서 방랑의 길을 나섰다. 그리고 여행지에서 걸린 폐렴이 악화되어 그해 11월 7일 랴잔의 한 외딴 마을인 아스타포보 간이역(지금의 톨스토이 역)의 관사에서 쓸쓸히 82년의 생애를 마감했다.

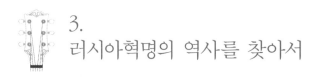

3.
러시아혁명의 역사를 찾아서

러시아혁명이란 넓은 의미에서 1905년과 1917년에 러시아에서 일어난 역사적 사건을 말한다. 통상 러시아혁명이라고 하면 1917년 2월(러시아 구력)과 10월(러시아 구력)에 러시아에서 일어나 세계 최초의 마르크스주의에 입각한 공산주의 국가인 소련정권이 수립된 혁명을 가리킨다.

1905년 혁명 이전의 러시아는 전제군주인 차르가 통치하는 신분제 사회로 서유럽과는 달리 농노제도가 존재하는 후진성을 면치 못했다. 이런 후진성을 극복하고자 알렉산드르 2세가 농노 해방령을 실시했지만 정작 농노들이 살 토지를 마련해주지 않아, 도시에서는 농민 출신의 빈곤한 노동자들이 등장하는 등 실효를 거두지 못했다.

이에 실망한 민중들의 불만은 1905년 러일전쟁에서 러시아가 패배하자 더욱 고조되었으며 이에 정치·사회 전반에 대한 개혁을 요구하는 단계로 접어들었다. 마침내 1905년 1월 22일 일요일, 러시아 상트페테르부르크 겨울궁전 앞 광장, 약 15만 명의 노동자와 그 가족들이 하루 8시간 노동과 최저임금 1루블 보장, 국회 소집 등의 요구를 내

걸고 차르인 니콜라이 2세에게 탄원하기 위해 평화로운 행진을 시작했다.

그들은 순진하게도 자신들의 요구 사항을 차르가 해결해줄 것이라 굳게 믿었다. 그러나 이들을 기다린 것은 황제가 아닌 경찰과 군대였다. 시위대를 향한 경찰과 군대의 무차별 사격으로 광장은 이내 피바다로 변했다. 이때의 사망자만 800여 명, 부상자는 3,000명이 넘었다. 이른바 러시아혁명의 서곡을 알리는 '피의 일요일' 사건이다.

이에 상트페테르부르크의 노동자들은 총파업으로 맞섰으며 차르 전제정치를 타도하자는 노동자 농민 봉기로 확산되었다. 설상가상으로 6월 말엔 전함 포템킨호 수병들의 선상반란까지 발생했다.

포템킨호를 장악한 수병들이 오데사항에 입항했다는 소식을 들은 시민들은 수병들을 환영하기 위해 부두로 몰려 나왔으나 출동한 차르의 코사크 기병들은 수병과 시민들을 가리지 않고 무차별 학살을 자행했다.

이로 인해 10월 전국 총파업이 일어나고 마침내 니콜라이 2세는 국민의 기본권과 시민권을 보장하고 의회 구성을 허용한다는 '10월 선언'을 함으로써 러시아 1차 혁명은 막을 내리게 되었다.

1905년의 봉기는 전제정치를 타도하지 못한 반쪽의 성과를 낸 혁명에 그치고 말았다. 그러나 그 완성은 1917년에 두 차례에 걸쳐 일어난 혁명으로 이루어졌다. 그중 2월 혁명은 차르의 전제왕권 체제를 붕괴시켰으며, 10월 혁명은 볼셰비키(다수파를 의미하며 레닌을 지지하는 급진파)가 소비에트(대표자 회의) 정권을 수립하는 데 성공했다.

1914년에 발발한 1차 세계대전에서 러시아의 거듭되는 패배와 전쟁의 장기화로 인한 경제 파탄은 시민 봉기를 불가피하게 만들었다.

1917년 3월 8일, 수도 페트로그라드에서 식량 부족을 견디다 못해 일으킨 시민의 봉기에는 진압을 담당한 대다수의 군인들마저 혁명 세력에 가담하게 되었고 이에 차르 전제정권은 힘없이 붕괴되고 말았다.

곧이어 자유주의자들은 제정의 뒤를 이을 임시정부를 구성했지만, 이와는 별도로 노동자와 병사들은 소비에트를 구성하여 추이를 지켜보았다. 연이은 전쟁으로 인한 러시아 경제의 파탄에도 불구하고 임시정부가 전쟁 계속 정책을 취함에 따라 대중의 불만이 고조되었으며 이는 소비에트와의 갈등 요소로 작용했다.

이러한 혼란스러운 상황에서 볼셰비키의 지도자였던 레닌이 스위스 망명생활을 끝내고 귀국하여 임시정부의 해산, 소비에트 공화국의 건설, 사유 재산의 몰수, 토지의 국유화 등을 담은 '4월 테제'를 발표했다.

농민들에게 토지를 분배하고, 독일과의 단독 강화를 통해 전쟁을

1917년 혁명 당시 러시아 소비에트 대표들

종식시키자는 레닌의 주장은 민중의 지지를 받기에 충분했다. 마침내 1917년 11월 6일 레닌이 이끄는 볼셰비키가 봉기를 일으켜 3일 만에 임시정부를 무너뜨리고 권력을 장악했다. 그리고 1918년 2월, 지구상 최초의 소비에트 정권이 수립되었다.

레닌

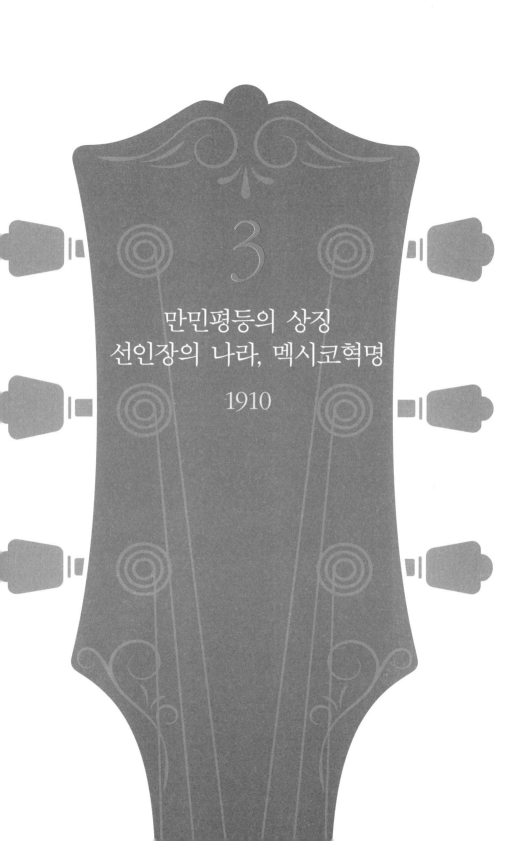

3

만민평등의 상징
선인장의 나라, 멕시코혁명

1910

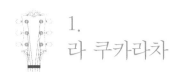

1.
라 쿠카라차

어린 시절 시골의 초등학교 교정에서 방과 후가 되면 어김없이 울려 퍼지곤 했던 밴드부의 합주 연습에 나도 모르게 따라 불렀던 노래 중 「라 쿠카라차」가 있다. 한글로 번역하여 '병정들이 행진한다. 이 마을 지나 저 마을로~'로 시작되는 이 노래는 이탈리아의 밀바, 미국의 루이 암스트롱 등 세계 유명 가수들이 불렀고 우리나라에서는 동요 또는 합창곡으로 널리 애창되어왔다. 그러나 '라 쿠카라차'란 뜻이 우리가 그토록 혐오하는 '바퀴벌레'라는 사실과 이 노래에 나오는 농민혁명군 판초 비야에 대해서는 정작 아는 사람이 드물다.

이 노래는 원래 15세기 말 아랍의 안달루시아 문명을 창조했던 무어인(모로코인)들을 축출할 즈음 만들어진 스페인 민요인데, 스페인의 라틴아메리카 침략과 함께 멕시코에 전래되었고 1910년 멕시코혁명 당시 농민들에 의해 오늘날과 같은 노래로 만들어졌다.

당시 멕시코 농민들은 스스로를 바퀴벌레cucaracha에 비유했다. 지금은 비록 가진 자들의 압제 아래 비참한 생활을 하지만 끈질긴 생명력으로 현실의 고난을 극복하고 마침내 승리하리라는 희망을 노래했

판초 비야(왼쪽)와 베누스티아노 카란사

던 것이다.

재미있는 남녀관계의 묘사와 압제자 카란사Venustiano Carranza를 해학과 풍자로 조롱하고 이에 대항하는 농민혁명군의 지도자 판초 비야Francisco Villa와 사바타Emiliano Zapata에 대한 기대와 희망을 담은 가사로 농민혁명군뿐 아니라 멕시코 민중들에게 널리 사랑받은 노래이다.

라 쿠카라차(La Cucaracha)

한 남자가 한 여인을 사랑하네.
그러나 그 여인 그 남자를 쳐다도 안 보네.
그것은 마치 대머리가 길가에서 주운
쓸데없는 빗 같은 것이라네.

(후렴)
라 쿠카라차 라 쿠카라차
걸어 여행하고 싶지 않네.

가진 게 없기 때문이라네.
오, 정말 가진 게 없다네.
피울 마리화나도 없다네.

처녀들은 모두 순수한 금이라네.
유부녀들은 모두 은이라네.
과부들은 모두 구리라네.
그리고 할머니들은 모두 주석이라네.
(후렴)

큰길가 건너 이웃집 여인
도나 클라라라고 불리는 여인이라네.
만일 그녀가 쫓겨나지 않았다면
내일도 아마 그렇게 불릴 것이라네.
(후렴)

라스베이거스에 사는 처녀들은 모두
키도 크고 몸매도 호리호리하다네.
그러나 그 처녀들의 애처로운 변명은
연옥의 영혼들보다 더 괴롭다네.
(후렴)

도시에 사는 처녀들 모두
제대로 키스할 줄도 모른다네.

앨버커키에서 온 여인에게 키스하려면
목을 잡아당겨야 한다네.
(후렴)

멕시코의 모든 처녀들은
향기로운 꽃보다 더 아름답다네.
아주 달콤한 말로 속삭이며
당신의 마음을 사랑으로 가득 채운다네.
(후렴)

누군가 나를 미소 짓게 하는 사람
그는 바로 셔츠를 벗은 판초 비야라네.
이미 카렌사의 군대가 도망가버렸네.
판초 비야의 군대가 오고 있기 때문이라네.
(후렴)

사람들에게는 자동차가 필요하다네.
여행을 가고 싶다면
사바타를 만나고 싶다면
사바타가 나타나는 집회에 가고 싶다면
(후렴)

2.
예술과 문학으로 꽃핀 멕시코혁명

영화 〈프리다〉

디에고 리베라와 프리다 칼로의 삶과 예술을 담은 영화 〈프리다〉는 2002년 줄리 테이머 감독이 만들어 2002년 베니스 영화제 개막작으로 소개되었다. 2003년 아카데미 여우주연상을 포함해 6개 부문 후보에 올라 분장상, 음악상 등 2개 부문을 수상했다.

엄밀히 따지면 제목에서 말해주듯 영화 〈프리다〉는 리베라보다는 프리다 칼로의 삶을 담은 이야기이다. 1907년 7월 6일 멕시코의 코요아칸에서 태어난 그녀는 주로 멕시코의 현실주의, 초현실주의, 상징주의와 멕시코의 토속 문화를 결합한 화풍을 창시한 것과, 여성이자 장애인으로 그림을 통해 여성의 정체성을 극렬하게 보여준 페미니즘 미술의 대표적인 인물로 평가받고 있다.

1983년 헤이든 헤레라Hayden Herrera의 책 『프리다: 프리다 칼로의 자서전』이 출판되자 프로듀서였던 낸시 하딘은 영화로 만들고자 영화 제작사와 투자자들을 찾아다니며 설득했지만 당시 무명이었던 제

프리다

3세계 여성 화가의 이야기를 영화화해줄 제작사나 투자자를 찾을 수 없었다.

10여 년 뒤, 화가 프리다 칼로의 작품이 재조명되면서 그녀에 대한 영화화 작업은 급물살을 타게 되었다. 그리고 그 중심에 프리다 칼로의 오랜 팬이었던 멕시코 출신 여배우 셀마 헤이엑이 있었다. 그녀는 영화의 주연뿐 아니라 프로듀서까지 자처해 알프레도 몰리나, 안토니오 반데라스, 제프리 러쉬, 애슐리 쥬드 등 유명 배우들을 영입했다.

뿐만 아니라 영화 제작자인 하비 웨인스타인을 찾아가 끈질긴 설득

끝에 투자를 얻어내는 데 성공했다. 2001년 줄리 테이머 감독을 영입하여 제작에 착수했다.

이런 우여곡절을 겪고 마침내 20여 년 만에 영화 〈프리다〉가 완성되었다. 영화가 세상에 나오자 셀마 헤이엑은 비평가들과 관객들에게 프리다 칼로의 환생이라는 찬사를 받았다. 리베라를 연기한 알프레도 몰리나 또한 리베라의 외모와 흡사해지기 위해 무려 30파운드 이상 살을 찌워 열연한 것이 화제가 되었다.

프리다와 리베라의 작품에서 드러나는 강렬한 원색의 세계에 생명력을 불어넣는 것은 영화 전편에 걸쳐 흘러나오는 음악들이다. 그중에서도 가장 인상적인 음악은 멕시코 국민가수로 칭송받는 차벨라 바르가스Chavela Vargas가 부르는 「라 요로나La Llorona」라는 곡이다.

원래 이 곡은 멕시코 전통 설화로 흐느껴 우는 여인, 통곡하는 여인

두 명의 프리다

차벨라 바르가스

이란 뜻이다. 프리다가 리베라와 헤어진 후 실연의 아픔을 달래기 위해 카페에서 홀로 술을 마시고 있을 때 갑자기 늙은 노파 하나가 나타나 그녀에게 술을 따르면서 절규하듯 비탄 어린 목소리로 이 노래를 부르는데, 프리다의 절망과 고통의 심경을 제대로 표현한 명장면으로 꼽힌다.

여기에서 등장하는 늙은 노파가 바로 차벨라 바르가스였으며 당시 그녀가 82살의 고령이었기에 더욱 화제가 되었다. 그녀는 원래 코스타리카 출신이지만 14살 때 멕시코로 이민하여 멕시코시티 거리에서 기타를 치고 노래를 부르는 길거리 가수가 되었다. 30대에 프로 가수로 데뷔해 총 80개의 음반을 발매하며 「란체라」, 「라 요로나」, 「팔로마 네그라」 등 수많은 히트곡을 남겼다.

멕시코 벽화운동의 대표 주자 디에고 리베라

요즘 지자체마다 벽화마을 또는 벽화거리 만들기 사업이 한창이다. 오래된 마을 담장이나 도심의 공공건물 등에 벽화를 그려 칙칙하고 음습한 거리가 밝고 아름다운 거리로 탈바꿈하고 있다.

이와 같은 벽화운동의 기원은 벽화라는 개념이 생겨나기 훨씬 이전인 구석기 시대에 시작되었다. 굳이 스페인의 알타미라 동굴과 프랑스의 라스코 동굴 벽화까지 언급하지 않더라도 우리나라 고구려 무용

총의 무용도나 수렵도, 각저총의 씨름도를 생각하면 이해가 빠를 듯하다.

현대의 도시벽화는 1920년대 초 멕시코에서 일어난 벽화운동을 시원으로 보는데, 그 한가운데 디에고 리베라Diego Rivera, 1886~1957가 있다. 그는 1886년 멕시코 중남부의 구아나후아토 주에서 태어나 어린 시절 멕시코시티로 이주했다. 10살에 멕시코의 권위 있는 산 카를로스 아카데미 미술과에 들어갔다.

산 카를로스에서 4년 동안 미술 공부를 하면서 서구의 회화 기법만 답습하는 데 염증을 느끼던 중 학생 폭동이 일어나자 여기에 참여했다는 이유로 쫓겨났다. 그 후 리베라는 멕시코의 지방을 돌아다니며 주로 시골 풍경과 인디언의 생활 모습을 화폭에 담았다.

22살이 되던 1908년, 디에고 리베라는 그의 재능을 인정한 산타크루스 주정부의 지원을 받아 멕시코를 떠나 유럽으로 가는 배를 탔다. 이후 스페인, 프랑스, 벨기에, 네덜란드, 영국 등을 전전하면서 미술활동을 전개했다.

1910년 멕시코혁명이 발발하자 잠시 귀국했다가 다시 출국하여 프랑스 파리에 거처를 두고 1920년 겨울까지 지냈다. 이때 그의 첫 번째 아내가 된 러시아 출신의 안젤리나 벨로프와 자신의 초상화를 그리게 된 모딜리아니를 비롯한 러시아 망명자들과 만났다.

그는 1920년 12월 1일 멕시코혁명군 출신인 알바로 오브레곤이 멕시코 대통령으로 선출되자, 1921년 고국으로 돌아왔다. 새로운 정부는 민중문화에 깊은 관심을 가지며 그동안 정치·경제적으로 소외당했던 인디언들의 삶과 역사 등 전통문화를 되살리는 문화 사업을 추진했는데 대표적인 것이 멕시코 벽화운동이었다.

새로운 정부는 외국에 체류하던 자국 화가들을 불러들여 공공건물에 벽화 제작을 추진했다. 여기에 리베라와 더불어 호세 클레멘테 오로스코, 다비드 시케이로스 등이 참여했다.

그들의 첫 작업은 멕시코시티 교육부 건물 전체의 내부 벽화였다. 리베라는 광산으로 일하러 들어가는 노동자, 설탕을 휘젓고 있는 일꾼들, 천을 물들이는 여인들의 모습 등 3개의 벽화를 그렸다.

1927년 교육부 벽화 작업을 하던 그는 훗날 멕시코 여류 화가로 유명한 프리다 칼로Frida Kahlo와 운명적으로 만나게 되었다. 프리다 칼로는 6살 때 소아마비에 걸려 다리를 절었고, 18살 때 교통사고로 척추, 오른쪽 다리 등을 크게 다쳐 평생 30여 차례의 수술을 받았던 비운의 여성이다. 리베라는 첫눈에 프리다 칼로의 재능을 알아보았고 그녀가 화가의 길을 걷도록 도왔다.

이후 두 사람은 스승과 제자로 시작하여 동료 작가로, 그리고 1929년 연인에서 부부로 발전했으나 1939년 이혼했다가 1년 후 재결합하는 등 애증의 관계를 이어갔다.

1937년 스탈린에 의해 소련에서 멕시코로 추방당한 트로츠키와 만나면서 리베라는 스탈린과 대립한 트로츠키의 혁명관에 매력을 느낀다. 그러나 스탈린주의에 대한 비판적인 태도로 인해 멕시코 공산당에서 축출되었다.

1930년 리베라는 아내 프리다 칼로와 함께 미국으로 건너가 활동하게 되었다. 1929년 11월 개관한 뉴욕 현대미술관은 개관 기념행사의 일환으로 세계적인 거장전展을 준비했는데 첫 번째 개인전으로 앙리 마티스, 두 번째로 디에고 리베라, 세 번째로 파블로 피카소의 전시회를 열었다.

그 당시 리베라는 자동차 사업가인 헨리 포드의 요청으로 디트로이트 미술학교에 벽화를 그리게 되었다. 자동차 공장의 노동자들을 그린 이 작품은 1933년에 완성되었는데 이는 미국의 공업화를 대표하는 작품이 되었다.

디에고 리베라와 프리다 칼로

이어 1933년 록펠러가(家)의 요청으로 뉴욕 록펠러센터에 벽화를 그렸다. 이 그림에는 노동자들이 벌이는 거대한 메이데이 행진을 묘사했는데 그중 이 행진을 이끄는 레닌의 모습을 그려 넣는 바람에 언론의 공격을 받게 되었다.

리베라는 레닌의 얼굴을 제거해줄 것을 요청받았으나 이를 거부했고 결국 록펠러센터는 이 벽화를 허물어버렸다. 하지만 1933년 12월 멕시코로 돌아온 리베라는 멕시코시티의 미술 궁전에 이 벽화를 다시 그렸다. 이후에도 노동자와 농부들, 꽃과 어린아이, 인디언과 멕시코 전통을 담은 수많은 작품들을 남겼다. 그는 1957년 11월 24일 멕시코시티에서 조용히 눈을 감았다.

3.
멕시코혁명의 역사를 찾아서

1519년, 에르난 코르테스와 600명의 스페인 군인들이 침략자의 얼굴로 아스텍 문명의 땅에 상륙했다. 이로부터 3년이 지난 1522년, 마침내 아스텍 문명이 파괴되고 멕시코는 스페인의 식민지가 되었다. 이후 라틴아메리카는 스페인, 포르투갈, 프랑스 등의 식민지로 전락했다.

그러나 라틴아메리카 대부분의 지역을 식민지로 삼은 스페인이 17세기 이래 쇠퇴 일로를 걷다가 1808년 11월 나폴레옹의 스페인 본토 공격을 계기로 보유하고 있던 식민지를 프랑스에 넘겨주게 된다. 한편 라틴아메리카에서는 나폴레옹 전쟁으로 인해 프랑스혁명의 이념이 전파되고 유럽의 간섭이 약화된 틈을 타 여러 지역에서 반침략 항쟁이 전개된다.

이러한 과정에서 라틴아메리카 민중들의 해방을 위해 투쟁해온 수많은 혁명가들이 있는데 그중 대표적인 인물로 산마르틴과 시몬 볼리바르를 들 수 있다. 산마르틴은 1812년 34살의 나이로 라틴아메리카 독립혁명군에 들어가 1816년 스페인으로부터 아르헨티나를 독립시켰으며, 1818년에는 칠레를 독립시켰다.

시몬 볼리바르는 콜롬비아, 베네수엘라, 에콰도르, 볼리비아를 스페인 식민통치에서 해방시킨 영웅으로 볼리비아란 나라 이름의 유래가 된 인물이다. 이 외에도 아이티의 투생 루베르튀르, 쿠바의 호세 마르티, 페루의 호세 카를로스 마리아테기, 브라질의 질베르투 프레이리 등 많은 인물들이 있다.

멕시코에서는 미구엘 이달고 신부가 돌로레스라는 마을에 위치한 그의 교회에서 사람들을 모은 후 스페인에 대항하여 군대를 일으킬 것을 부르짖었고, 이후 그를 중심으로 1810년대 독립운동이 시작된다.

하지만 이달고 신부는 1811년 스페인 군대와 크리오요(유럽인의 자손으로 식민지 지역에서 태어난 사람을 부르는 말이었으나, 오늘날에는 보통 유럽계와 현지인의 혼혈을 부르는 말)들에게 패배했다.

그 뒤를 성직자였던 호세 마리아 모렐로스가 이어받아 아카풀코 전투에서 승리하며 남부 멕시코의 대부분을 장악하게 되었고, 1813년 11월 6일 멕시코의 독립을 선언한다. 그러나 그 역시 1815년 스페인 군사령관인 아구스틴 데 이투르비데에게 패하고 만다.

독립운동 세력을 진압한 이투르비데는 1820년 무렵 스페인 본토에서 좌파 정권이 수립되자 태도를 바꿔 독립운동에 앞장서게 되었고 1821년 마침내 멕시코는 독립했다.

이투르비데는 1822년 2월 제헌의회를 구성하고, 5월에 아구스틴 1세 황제가 되었다. 그러나 산타 안나 장군이 이에 반발하여 연방공화국을 주장하고 나서며 멕시코 제1제정은 붕괴된다.

산타 안나는 연방주의자를 자처했지만 실제로는 중앙집권적 국가체제를 형성시킴으로써 연방파와 중앙집권파의 내분이 수십 년간 계속

멕시코혁명기념탑(멕시코시티)_대좌의 네 모퉁이에 세워진 형상은 법
과 정의, 전쟁, 평화를 나타낸다. 또한 이들 형상은 이달고 신부, 모렐
로스, 게레로 등 독립운동의 지도자인 영웅을 상징하기도 하며 대좌
안에는 그들의 유골이 안치되어 있다.

되었다. 그 와중에 미국과의 전쟁에 져서 1848년에 현재 미국의 뉴멕
시코, 애리조나, 캘리포니아, 네바다, 유타, 텍사스 등의 지역을 빼앗겼
다. 결국 1854년 산타 안나는 자유당의 반란으로 실각하고 망명길에
올랐다.

이후 멕시코는 1861년부터 1867년까지는 오스트리아 합스부르크왕
가의 괴뢰 황제인 막시밀리언 황제의 통치를 받았고, 1876년 포르피리
오 디아스Porfirio Diaz가 미국의 지원으로 방대한 군사조직을 갖추고
집권하게 된다.

집권에 성공한 디아스는 부유한 지주와 외국 기업가들에게 유리한
정책들을 펼치면서 세 차례에 걸쳐 장기 집권을 한다. 1910년, 멕시코

혁명은 이러한 디아스의 독재정치에 대한 불만이 널리 퍼지면서 시작
되었다.

마데로, 판초 비야, 에밀리오 사파타

디아스 집권 시절 비록 산업이 발전
했으나 이는 극도로 착취에 시달리던
노동자와 농민이 희생된 결과였다. 산
업시설과 대부분의 토지는 영국, 프랑
스, 미국 출신의 외국계 회사와 소수의
자본가와 지주들이 차지했다.

디아스

1910년, 디아스의 이러한 정책과 독
재정치에 대항해 변호사이자 작가였던
프란시스코 이그나시오 마데로가 대통
령 후보로 다음 선거에 출마할 것이라
고 밝혔다. 그러자 디아스는 마데로를
체포해 투옥하고 그해 6월 부정선거를
치른 뒤 다시 대통령에 취임한다.

감옥에서 풀려난 마데로는 텍사스의
샌안토니오에서 성명서를 발표하여 11
월 20일에 대규모 봉기를 일으킬 것을

마데로

호소했다. 이 무렵 북부지방에서는 파스쿠알 오로스코와 판초 비야가
지도자로 등장했다.

'라 쿠카라차'의 주인공 판초 비야는 1878년 6월 5일 산 후안 델리오 아시엔다 빈농 가정에서 5남매의 장남으로 태어났다. 부모를 일찍 여의고 어려서부터 농장노동자로 일하다가, 1894년 누이동생을 강간한 농장 주인을 살해하고 멕시코 북부 산속으로 들어가 의적이 되었다.

그는 비록 20여 년간을 도적질로 살아왔지만, 빼앗은 돈과 물건을 가난한 사람들에게 나눠줌으로써 민중들의 두터운 신망을 받은 인물이다. 1910년 마데로를 만나 그의 인품에 감화되어 혁명가로 거듭나게 된다. 이후로 비야는 의용군을 이끌고 연전연승하면서 멕시코혁명의 영웅이 되었다.

1911년에 대통령에 당선된 마데로는 비야를 정규군 장군으로 임명하고 그가 이끄는 의용군도 정규군에 편입시켰다. 하지만 이 과정에서 기존의 군 고위층과 비야 사이에는 갈등이 심화되었다. 급기야 국방부 장관 빅토리아노 우에르타는 사소한 죄목을 빌미로 비야에게 사형 판결을 내린다.

이 사실을 알게 된 마데로 대통령의 도움으로 징역형으로 감형되었지만, 판초 비야는 1912년 12월 26일에 탈옥에 성공하여 미국으로 망명한다. 1913년 2월 우에르타가 쿠데타를 일으켜 대통령에 취임했다.

이에 대한 민중들의 반발로 무장투쟁이 벌어지자 미국에 머물던 비야는 불과 8명의 부하만 데리고 멕시코로 잠입한다. 이후 6개월 만에 그의 부대는 1만 명을 넘을 정도로 불어났으며 그는 북부 농민혁명군 사령관이 되어 카란사와 오브레곤과 함께 우에르타 독재 정권에 저항했다.

1914년 마침내 우에르타를 몰아내는 데 성공했으나 정권을 잡은 카란사는 비야의 반대에도 불구하고 대통령 자리에 올랐다. 결국 이러한 갈등은 1915년 4월 최고조에 달해 멕시코 역사상 가장 피비린내 나는 셀라야 전투로 이어졌고 이 전투에서 카란사와 오브레곤의 연합군에 비야는 패배했으며 1923년에 결국 암살당하고 말았다.

멕시코혁명의 또 다른 주인공인 에밀리아노 사파타는 1879년 8월 8일 멕시코 남부의 모렐로스 주에서 집안의 아홉째로 태어났다. 1911년 그는 모렐로스의 농민들과 함께 남부 농민혁명군을 조직하고 멕시코혁명에 참가했다.

멕시코혁명군을 이끌었던
사파타

마데로 집권 이후 그와 토지개혁 문제로 대립했으며, 1913년 11월 빈농과 공동체 농민에 대한 토지 재분배를 규정한 '아얄라 계획'을 발표하고, 그 뒤 우에르타, 카란사로 이어지는 중앙정부에 대항하여 무장투쟁을 계속했다.

1914년 북부 지역의 판초 비야와 손잡고 카란사와 오브레곤에 대항했으나 패하고 고향인 모렐로스 주를 근거로 게릴라 활동을 전개했다.

1919년 4월 10일 정부군에서 탈영했다며 찾아온 헤수스 과하르도 대령을 만나기 위해 치나메카의 농장을 찾아갔으나 그것은 카란사가 파놓은 함정이었다. 그곳에서 결국 그는 암살당하고 말았다.

그가 죽은 지 90여 년이 지난 오늘날에도 멕시코 민중들의 마음속에 그는 여전히 살아 있다. 1994년 1월 1일 북아메리카 자유무역협

정NAFTA이 발효되던 날에 '토지는 공동의 소유'라는 사파티즘을 추종하는 사파티스타 민족해방군이 출범했다. 그들은 스스로를 사파타의 후예, 사파타의 혁명 정신을 계승한다는 의미에서 '사파티스타 Zapatista(사파타의 뜻을 따르는 사람들)'라 불렸다.

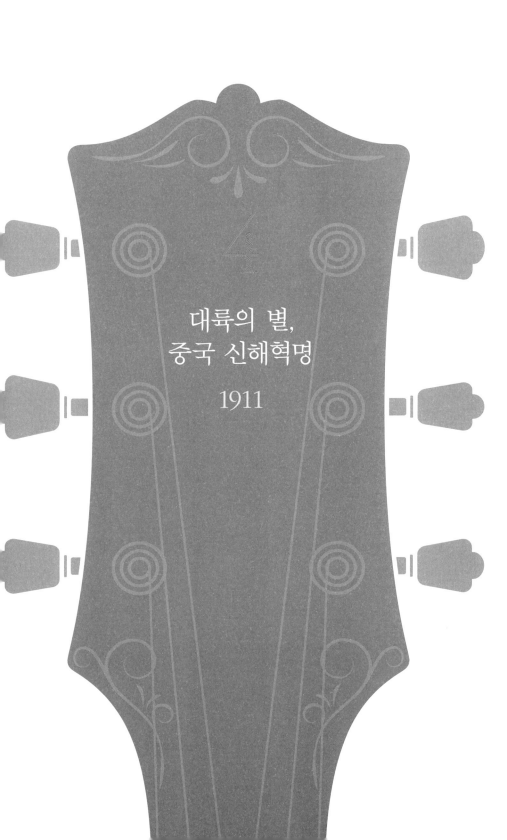

4

대륙의 별,
중국 신해혁명

1911

1.
13억 중국인이 사랑한
조선 음악인 정율성

정율성. 비록 한국에서는 그 이름이 낯설지만 중국의 이백만 조선족 동포를 포함한 13억 명 중국인들은 그를 중국의 3대 현대음악가로 '신중국(현 사회주의 중국) 창건 100대 영웅'으로 기억하고 있다.

2009년, 10월 1일 중화인민공화국 건국 60주년을 기해 중국정부는 중화인민공화국 수립에 기여한 '신중국 창건영웅 100인'을 선정하여 후세에 기리도록 했는데 여기에 당당히 그 이름이 올랐다.

그는 '중국의 아리랑'이라 불리는 「연안송」을 비롯해 「육탄용사」, 「항전돌격운동가」, 「시월혁명행진곡」 등 360여 곡을 작곡하여 중국인들의 사랑을 받았다. 그가 작곡한 「팔로군대합창」은 1988년 '중국인민해방군군가'로 공식 채택되었다.

또 이 곡은 1990년 9월 22일 베이징 아시안게임 개막식곡으로 선정되어 연주되었고, 2000년 김대중 대통령과 김정일 위원장의 첫 만남, 2013년 박근혜 대통령과 시진핑 국가주석의 한중 정상회담 사열식 등 중국의 주요 국가행사 때마다 연주되었다. 그리고 2015년 9월 3일 베이징에서 열린 한일승전 70주년 열병식에서 시진핑 국가주석의 사열

정율성(이건상 제공)

이 시작되자 울려 퍼진 첫 번째 곡이기도 하다.

정율성이 중국인이 아니라 한국인이었으며 그것도 일제를 공포에 벌벌 떨게 했던 항일무장단체인 의열단의 조직원이었다는 사실이 뒤늦게 알려졌다.

2012년 모 방송사에서 〈13억 대륙을 흔들다 – 음악가 정율성〉이 방영되었다. 이 프로그램은 원래 2011년 8·15 광복절 특집으로 '대륙에 떨친 항일투쟁 혼 정율성'이란 제목으로 제작되었다. 그러나 방송사 내 일부 고위급 인사들의 강력한 반대로 방영이 무산될 뻔했다가 내용 수정 등 우여곡절을 겪은 끝에 어렵게 방송되었다. 방송 이후에도 프로그램에 대한 보수·진보 측의 찬반 댓글 등 그 반응이 한동안 인터넷을 뜨겁게 달구다가 서서히 세간의 관심에서 멀어지는 듯했다.

그러다가 2014년 7월 우리나라를 방문한 시진핑 중국 국가주석이 그의 이름을 언급하면서부터 '정율성'이란 이름이 다시 주목을 받게 되었다. 7월 4일 서울대학교 특강에서 시 주석은 한·중 양국 간의 우호관계를 강조하고 일본의 과거사 도발에 대한 공조 필요성을 강조했다.

특히 고대 이래 근대까지 한·중 양국에 걸쳐 활동했던 역사인물을 거명하면서 근대 인물 중 중국의 위대한 혁명가이자 조선인 항일 음악가로 중국인들의 존경과 사랑을 받고 있는 인물로 정율성을 언급하며 높이 평가한 것이다.

필자는 조국의 광복을 위해 항일투쟁을 했던 분들은 이념을 떠나서 우리가 기억하고 추모해야 한다고 생각한다. 그래서 이 장에서는 좌·우의 첨예한 이념 대립과 한·중에 걸쳐 엇갈린 평가를 받고 있는 논란의 주인공인 정율성에 대해 살펴보기로 하겠다.

이에 앞서 선행 연구자인 전남일보 이건상 편집국장의 도움으로 관련 책자와 사진 등 각종 자료를 제공받아 이 글을 정리하게 되었음을 밝힌다. 정율성(본명 정부은)은 1914년에 전라도 광주에서 아버지 정해업과 어머니 최영은 사이에서 5남 3녀 중 일곱째로 태어났다. 정율성은 보통학교를 졸업한 후 1929년 전주 신흥중학교에 입학했으나 중퇴하고 광주로 돌아왔다.

1919년 3·1운동 참여자로 그의 큰형 효룡과 둘째 형 충룡에게 수배령이 떨어지자 형제는 중국으로 망명했다. 큰형 효룡은 다시 귀국하여 항일운동을 전개하다 체포되어 모진 감옥살이 끝에 그 후유증으로 1934년에 세상을 뜨고 만다.

둘째 형 충룡은 율성에게 아끼던 만돌린을 건네주고 중국으로 떠나 운남강무학교를 졸업하고 국민혁명군 제24군 소속 장교로 복무하다 1927년 사망했다. 정율성이 중국으로 건너가 독립운동에 투신하게 된 데에는 독립운동을 한 셋째 형의 영향이 가장 컸다.

당시 셋째 형 정의은은 약산 김원봉 등이 중국 길림성에서 창설한 의열단 단원이었다. 2015년 8월 15일 광복절에 천만 관객을 넘긴 영화 〈암살〉에 등장하는 김원봉은 밀양 출신의 전설적인 항일투사로 의열단 단장을 역임하면서 백범 김구보다도 더 높은 현상금이 걸렸던 인물이다.

의열단의 의거 활동으로 일본인들의 간담을 서늘하게 만들 수는 있겠지만 독립이라는 목적을 달성하기에는 어렵다고 판단한 김원봉은 조선의용대를 조직하여 일제에 항거했다. 이후 대한민국 임시정부에 합류하여 임시의정원(경상도 지역구) 의원, 광복군 부사령관 겸 제1지대장으로 활동하고 1944년 임시정부 군무부장에 선출됐다.

해방 후 귀국하여 건국을 준비하던 중 1948년 분단을 막고자 김구와 함께 북으로 가 남북협상에 참여한 후 눌러앉아 국가검열성상에 임명된 뒤 노동상과 최고인민회의 상임위원회 부위원장 등을 지냈으나 1958년 11월 김일성과의 정치투쟁에서 패배하여 숙청당했다.

이렇듯 김원봉은 한국 독립운동사에 괄목할 만한 공적을 남겼음에도 불구하고 그동안 남한에서는 공산주의자로 치부되어 제대로 평가받지 못하다가 최근 영화 〈암살〉 이후 새롭게 조명을 받고 있다.

정의은은 의열단이 1932년 중국 난징南京에 세운 '조선정치군사혁명간부학교(조선혁명간부학교)'의 국내 비밀 모집책으로 학생들을 모집하는 임무를 띠고 시인 이육사와 함께 국내에 잠입했다. 그리고 당시 19세의 열혈 청년인 동생 정율성을 설득했다.

셋째 형 정의은의 권유로 정율성은 1933년 중국 난징으로 건너가 '조선혁명간부학교'에 입학했다. 그 후 7개월 동안 고된 군사훈련을 마치고 조선혁명당원으로서 비밀 임무를 수행하면서도 음악이 좋아 매주 주말이면 난징에서 300킬로미터 이상 떨어진 상하이로 가서 레닌그라드 음대 교수 출신인 저명한 여성 음악가 크리노와Krennowa에게서 성악과 음악이론을 사사했다.

이는 그의 음악적 자질을 아깝게 생각한 의열단장 김원봉의 배려와 지원이 있었기에 가능했다. 그의 재능을 인정한 것은 크리노와도 마찬가지였다. 그녀는 2년 정도밖에 수학하지 않은 정율성에게 상하이에

서 열린 '세계명곡 음악회'의 테너 선창을 맡길 정도로 그에 대한 신
뢰감이 컸다. 또한 그의 재능을 아깝게 여겨 이탈리아 유학을 제안했
지만, 그는 일제 치하에서 신음하고 있는 조국과 민족을 외면할 수 없
어 정중히 거절하고 말았다.

1936년, 정율성은 김산(님 웨일즈가 쓴 『아리랑』의 주인공) 등이 결성
한 한·중 연합전선을 통해 일제 타도를 목적으로 조직된 공산주의 계
열단체인 '조선민족해방동맹'에 가입했다. 그리고 조직의 결정에 따라
1937년 바이올린과 만돌린을 어깨에 메고 중국공산당의 혁명 근거지
인 연안延安으로 향했다.

연안에 당도한 정율성은 루쉰 문예학원에 입학하여 본격적인 음악
활동을 하게 되었다. 1938년 봄에 아내 딩쉐쑹丁雪松(2011년 작고)과 처
음 만나는데, 1939년 새해에 딩쉐쑹이 정율성에게 자신의 이름과 같
은 '설송雪松'이란 글자가 인쇄된 신년카드를 보내면서 사랑을 확인하
게 된다. 바로 이 시기에 인민해방군 군가인 「팔로군행진곡」과 아름답
고 서정적인 곡으로 평가받는 「연안송」을 작곡하여 중국 혁명 음악의
선구자로 명성을 얻게 된다.

1942년 폐결핵을 앓던 그는 팔로군 포병대장인 조선인 장군 무정武
亭을 따라 산서성 동남부의 태항산으로 들어가서 조선독립동맹, 조선
의용군, 조선혁명군정학교 등을 조직하는 데 참여한다.

그는 일제와의 전투 속에서도 「조선의용군행진곡」, 「혁명가」 등을
창작했는데, 「조선의용군행진곡」은 지난 2000년 6월, 역사적인 남북정
상회담 당시 김대중 대통령이 평양의 순안공항에 내릴 때 연주되었던
곡이다.

해방이 되자 정율성은 부인 딩쉐쑹과 2살 난 딸 소제小提를 데리고

의용군 사령관 무정과 김두봉 등과 함께 평양으로 들어간다. 그리고 해주에서 황해도 도당위원회 선전부장으로 활동하다가 1947년 평양으로 다시 돌아가 조선인민군 구락부의 부장을 지냈고, 인민군협주단을 창단하여 단장을 역임하였으며 1949년에는 평양음악대학 작곡부장을 맡았다.

이 당시 그는 「해방행진곡」과 「조선인민군행진곡」 등을 작곡했는데 「조선인민군행진곡」은 후일 「조선인민군가」가 되었다. 이 때문에 중국의 음악평론가와 작곡가 탕허唐河는 "한 사람이 두 국가의 군가를 작곡한 예는 세계 음악사상 유례가 없다"라고 높이 평가했다. 그러나 이러한 활동이 우리나라에서는 이념 논쟁의 빌미가 되기도 했다.

1949년 10월, 그는 중국으로 갔다가 우리 민족 최고의 비극인 6·25 전쟁이 발발하자 그해 12월 중국인민지원군 창작조를 따라 북한에 들어갔다가 1951년 4월에 다시 중국으로 돌아갔다.

중국에서 음악가로서 왕성하게 창작활동에 매진하던 중 1959년 그

제자들과 즐거운 한때를 보내고 있는 정율성

만리장성 앞에 선 정율성

는 '반당분자'라는 누명을 쓰기도 했고, 1966년부터 시작된 문화혁명의 광풍 속에서 10여 년간 그의 작품들은 금지곡이 되어 연주되거나 방송되지 못했다.

1976년 마오쩌둥이 죽자 문화혁명도 끝이 나고 모진 고난의 시기를 거친 정율성은 마침내 사면·복권되어 다시 음악활동에 전념했다. 1976년 12월 7일 아침, 그는 조카손녀를 데리고 북경 교외로 산책을 나가 강가를 거닐다가 갑자기 쓰러져 파란만장한 삶을 마감했는데 향년 62세였다.

사후 그는 중국의 국립묘지 격인 베이징 시내 빠바오산 혁명묘역에 안장되었는데 비석에는 다음과 같은 글이 새겨져 있다.

중국 인민은 그의 노래를 부르면서 일제 침략자들을 몰아냈고, 낡은 중국을 뒤엎었으며, 새 중국을 건립했다.

정율성! 그는 시대의 격변기에 태어나 조국의 독립을 위해 의열단 단원으로 무장투쟁을 벌였고, 조국 독립의 방편으로 중국과 연합하여 중국혁명에 참여한 항일투사이자 음악가이다.

　냉전의 시대를 훌쩍 넘긴 지금 우리는 이념을 떠나서 조국의 광복을 위해 항일투쟁을 했던 김규홍, 정율성, 김원봉을 비롯한 수많은 독립운동가들을 기억하고 추모해야 한다. 최근에는 광주의 정율성 생가를 찾는 중국인 관광객이 급증하고 있다고 한다. 이런 움직임에 힘입어 정율성의 고향 광주에서는 2004년부터 '음악가 정율성 기념 국제학술대회', 2005년부터 '광주 정율성국제음악제'를 개최하여 그의 삶과 음악을 재조명하는 작업을 전개하고 있어 다행스럽게 생각한다.

광주시 동구 불로동 히딩크 호텔 앞 표지석

정율성 동상(광주시 남구 양림동)

정율성 거리 전시관(광주시 남구 양림동)

　　중국에서는 정율성이 사망한 지 40여 년이 흘렀지만 그를 추모하는
열기는 여전하여 중국 헤이룽장성 하얼빈 송화강가에는 그를 기리는
'인민음악가 정율성기념관'이 건립되었고 2002년에는 정율성을 주인공
으로 한 영화 〈태양을 향해 달린다(원제 주향태양走向太陽)〉도 나왔다고
한다.

2.
예술과 문학으로 꽃핀 신해혁명

영화 〈8인: 최후의 결사단〉

중국혁명을 배경으로 한 영화는 무수히 많다. 그중 청나라의 마지막 황제이며 후에 만주국 황제로 즉위한 푸이의 생애를 그려 아카데미상 9개 부분을 휩쓴 영화 〈마지막 황제The Last Emperor〉가 대표적이다.

또 성룡의 100번째 영화로 소개된 〈신해혁명〉도 있지만 여기서는 〈8인: 최후의 결사단〉이란 영화를 소개하고자 한다. 그 이유는 주인공으로 쑨원이 아닌 그를 위해 죽어간 사람들의 이야기를 담았기 때문이다.

2009년에 개봉된 〈8인: 최후의 결사단〉은 진덕삼 감독이 총 10년 동안의 준비 기간을 거쳐 제작한 영화로 중국 신해혁명의 주역인 쑨원을 지키다 목숨 바친 숨은 영웅들에 대한 이야기를 담았다.

이 영화에서 혁명가 쑨원을 지키겠다는 일념으로 호위대를 자처하고 나선 8인의 의인은 신분이 대단하거나 이념으로 무장한 혁명가가 아닌 인력거꾼, 도박꾼, 걸인, 극단 단원, 두부 장수, 홍콩 최고의 대부호와 그의 아들 등 평범한 사람들이다. 영화의 줄거리를 살펴보면 대략 이렇다.

1906년 10월 15일, 쑨원이 홍콩의 혁명 동지들과 '13성의 대결의'라는 비밀 모임을 갖기 위해 홍콩으로 온다는 정보를 입수한 청나라 조정에서는 수백 명의 자객들을 홍콩으로 보내 쑨원을 암살하고자 한다.

당시의 청은 근대화를 추구하는 혁명파와 이를 저지하려는 보수파로 나뉘어 치열한 혈투를 벌이던 시기였다. 이런 조정의 음모를 간파하고 먼저 홍콩에 잠입한 한 혁명가는 쑨원의 신변을 보호하기 위해 옛 친구인 홍콩의 대부호의 도움을 받아 호위대를 조직한다.

8인의 호위대 중에는 현실에 안주하지 않고 아버지의 뜻을 거슬러 암살 표적인 쑨원으로 위장하는 위험한 임무를 담당한 대부호의 아들과 혁명이 뭔지도 모르지만 거리에 버려진 자신을 거두어주고 사랑하는 여인과의 혼인도 도와준 주인에 대한 은혜를 보답하기 위해 자진해서 호위대에 합류한 대부호의 충성스러운 인력거꾼이 있다.

또 과거 부잣집 아들이었으나 아버지의 여인을 사랑한 대가로 아버지의 죽음과 사랑하는 여인이 스스로 목숨을 끊는 모습을 지켜봐야 했던 아픈 과거 때문에 아편에 중독된 채 폐인이 되어버린 걸인과 대부호에게 쌀을 얻어 간 인연으로 참여하게 된 순박한 거구의 두부 장수도 있다.

과거 경찰 출신으로 무술 고수였지만 도박에 빠져 사랑하는 아내를 떠나보내고 도박꾼으로 하루하루를 연명하다 대부호의 여자가 된 옛 아내의 부탁을 받고 갈등 속에 마침내 호위대에 합류한 사람 등 사연

8인: 최후의 결사단

도 다양한 8인의 호위대가 수백 명의 암살자와 맞서 쑨원을 지키기 위해 필사적인 사투를 벌이면서 하나둘 죽어간다.

이러한 이들의 목숨을 건 희생 덕에 쑨원은 무사히 혁명을 위한 회의를 마치고 홍콩을 빠져나가게 된다. 그리고 마침내 1911년 청 왕조를 무너뜨리고 공화국인 중화민국을 건국하는 신해혁명을 완성시킨다.

그런데 여기서 '이들이 이토록 목숨을 걸고 지키고자 했던 쑨원이란 인물과 그가 주창한 혁명의 대의는 무엇인가?' 하는 물음에 직면하게 된다. 영화는 이런 물음에 답을 해주고 있지 않기 때문이다.

루쉰의 장편소설 『아Q정전』

루쉰은 중국 현대문학의 아버지로 중
국인들이 가장 존경하는 작가 중 한 사
람이다. 마오쩌둥은 그를 가리켜 "루쉰은
중국 문화의 기수다. 그는 단지 위대한
문학인일 뿐 아니라 또한 위대한 사상가
이자 혁명가였다"라고 존경심을 표했다고
한다.

루쉰

현재 베이징에 루쉰 박물관이 있고,
상하이와 칭다오에도 루쉰 공원과 기념
관이 있으며, 광저우 도서관을 비롯하여 곳곳에 그의 동상이 있을 정
도로 중국에서 루쉰의 위상은 대단하다.

루쉰의 본명은 저우수런周樹人이고 루쉰은 그의 어머니 성을 따서
만든 필명이다. 그는 1881년 9월 25일 저장성浙江省 사오싱紹興에서 태
어났다. 지주 집안이었지만 13살 때 할아버지가 과거시험의 부정부패
에 연루된 일로 투옥되고, 할아버지의 목숨을 구하고자 아버지가 많
은 재산을 팔면서 가세가 기울었는데, 루쉰이 16살 때 아버지마저 병
사하고 만다.

18살 때 난징에 학비를 내지 않아도 되는 학당이 있다는 말을 듣고
상경하여 강남수사학당에 들어갔다. 이후 강남육사학당 부설 광무철

로학당에 진학하여 당시의 계몽적 신학문의 영향을 크게 받았다. 22세 때 학당을 졸업하고 국비유학생으로 선발되어 일본 유학길에 올랐으며, 유학생 준비학교인 도쿄 홍문학원을 거쳐 센다이 의학전문학교에 들어갔다.

그러나 그는 청나라가 봉건제도에서 벗어나지 못해 제국주의 국가들의 침략을 받게 되었다고 생각하고 봉건적 구습에 젖어 있던 당시 중국 인민들을 계몽시키기 위해 의학을 포기하고 문학을 선택했다.

1908년, 고향에 돌아온 그는 교편을 잡다가 1911년 10월 신해혁명이 일어나 중화민국 정부가 수립되자 난징 정부의 교육부 직원이 되어 일하면서 틈틈이 금석탁본을 수집하고 고서를 연구했다.

1918년 문학혁명을 계기로, 문예지 『신청년』에 루쉰이라는 필명으로 단편소설 「광인일기」를 발표했다. 여기서 그는 중국의 봉건적 가족제도와 예교禮教의 폐해를 신랄하게 비판했다. 이어서 단편소설 「공을기」, 「약」, 「축복」, 「형제」, 「이혼」 등의 작품을 발표하면서 중국 근대문학을 확립했다.

특히 1921년에 발표한 그의 대표작인 장편소설 『아Q정전』은 루쉰을 세계적인 작가의 반열에 오르게 했다. 루쉰은 이 작품에서 아Q라는 인물을 통해 당시 무너져가고 있는 중국을 상징적으로 표현했다. 이 작품의 배경은 1911년 신해혁명을 전후한 시기이며 주인공인 아Q는 강자에게는 비굴하고 약자에게는 한없이 냉혹한 전형적 노예근성을 지닌 인물로 묘사하고 있다.

그는 미장未莊이란 농촌마을에서 이름도 성도 없이 지주 조씨 댁에 얹혀살면서 조씨 집안의 허드렛일을 하는 사람이다. 동네 사람들에게 무시당하기 일쑤인 그가 마침 신해혁명이 일어나자 자신을 무시하던 사람들을 혼내주려고 혁명당에 가입하려고 한다. 하지만 그는 혁명당원을 자처했으나 혁명당에 입당하지 못하고, 오히려 도둑으로 몰려 싱겁게 총살을 당한다.

루쉰은 아Q를 주인공으로 하여 모욕을 받아도 저항할 줄 모르고 오히려 자기최면을 걸어 '정신적 승리'로 탈바꿈시켜버리는 아Q의 정신구조를 그 당시 중국 민족이 지닌 노예근성으로 보아 날카로운 비판을 가함으로써 봉건 사회에 대한 신랄한 비판과 그 체제에 찌들어 있는 중국인들을 깨우치고자 했던 것이다. 실제로 이 작품을 읽은 당시 많은 중국인들은 아Q가 바로 자신들의 자화상이 아닌가 하며 적잖은 충격을 받았다고 한다.

이 작품 발표 후 루쉰은 베이징 여자사범대학에서 후진 양성에 힘쓰면서 1925년 북양 군벌의 문화 탄압에 맞서 일어난 학생운동에 동참했다. 1926년 3월 18일, 베이징에서 시민과 학생들이 제국주의 열강에 맞서 싸우자는 투쟁을 시작했고, 정부는 이들을 폭도로 규정하고 강제 진압과 대규모 학살을 자행했다.

루쉰은 이 사건으로 베이징을 떠나야 했고 이후 아모이 대학, 광둥 중산 대학에서 교편을 잡다가 1927년 가을 상하이로 가서 조계租界에 숨어 창작활동에 몰두했다. 1931년에 일본은 만주사변을 일으켰다. 일본은 만주국을 세워 청나라의 마지막 황제 푸이를 꼭두각시로 내세우고, 혁명 인사들에 대한 대대적인 체포에 나섰다.

이에 루쉰은 중국민권보호동맹을 조직해 체포된 동료들에 대한 구명운동을 전개하고, 항일투쟁에 나서기도 했다. 그는 이런 반체제적인 활동으로 일제는 물론 국민당에게도 위험인물로 간주되어 수배 대상이 되었고 항상 암살 위협에 시달려야만 했다. 이런 상황에서도 그는 집필활동을 멈추지 않았다. 결국 수년간 도피 생활을 하는 와중에 건강이 점점 악화되어 1936년 10월 19일 폐결핵으로 사망했다.

3.
신해혁명의 역사를 찾아서

아편전쟁(1842년) 이후 청은 외세에 대한 무력함을 드러냈으며 패전의 배상금을 해결하고자 농민들에게 무리하게 세금을 올렸다. 설상가상으로 물가까지 크게 올라 농민들의 생활은 극도로 궁핍해졌다. 뿐만 아니라 관료와 군대의 부패로 인해 지방은 무정부 상태나 다름없게 되었다.

이런 상황에서 토지·재산의 균등 분배와 평등 사회의 실현 등을 주장한 홍수전洪秀全은 1851년 태평천국이란 국호를 내걸고 난징을 수도로 삼아 중국의 남부지방을 장악했다.

그러나 혁명군 지도부의 내분과 증국번曾國藩, 이홍장李鴻章 같은 한인 출신 지방 관료들이 조직한 지방의용군과 외국 세력의 무력 공격으로 인해 1864년 난징 함락과 더불어 15년 만에 태평천국은 멸망하고 말았다.

청의 실권자인 서태후와 공친왕은 아편전쟁과 태평천국혁명으로 무너진 청의 위신을 회복할 필요성을 느꼈다. 이들은 태평천국군의 진압 과정에서 서양 무기의 우수성을 확인하고 서양의 군사·과학기술을 받

서태후

쑨원

아들이는 양무운동을 추진했다. 여기서 양무洋務란 서양과 관계되는 통상, 선교, 외교 등에 대한 모든 사물을 가리킨다.

이렇게 추진된 양무운동을 주도한 사람은 증국번, 이홍장 등이었다. 이들은 태평천국혁명을 진압하면서 서양 무기의 우수성을 직접 목격했기 때문에 서양의 군사기술 도입과 군수산업 강화의 필요성을 실감했다.

이들은 무너져가는 청나라의 봉건 체제를 그대로 유지하면서 서양의 군사기술과 무기 도입 등 과학기술 위주의 입장에서 양무운동을 추진했기 때문에 소기의 성과를 거두지 못했고 결국 그 한계가 1894년 청일전쟁의 패배로 나타났다. 이 당시 쑨원은 이홍장에게 서양의 제도와 문물을 받아 전면적 개혁을 추진하자는 글을 올렸다가 무시당한 후, 하와이로 가서 하와이 흥중회興中會를 조직했다. 이어서 홍콩 흥중회를 조직한 후 이를 통해 광저우 봉기를 계획했다. 그러나 봉기 계획이 실패로 끝나자 쑨원은 영국으로 망명길을 떠나게 된다.

청일전쟁의 패배로 충격을 받은 광서제는 양무운동에 대한 반성론이 대두되는 상황에서 서태후와 보수적 관료들의 손아귀로부터 벗어나고자 했다. 1898년 마침 캉유웨이를 비롯한 지식인들을 중심으로 개혁의 목소리가 높았는데 광서제는 이들을 등용하여 변법자강운동을 전개했다.

이들은 청일전쟁의 패배로 유럽의 무기와 과학기술만을 도입하려는 양무운동의 한계를 깨닫게 되었다. 그래서 서양의 근대적인 제도와 문물을 전폭적으로 수용하여 낡은 과거의 정치·경제체제와 교육제도 등을 개혁하여 부국강병을 실현해야만 중국이 살아남을 수 있다고 주장했다.

그러나 당시 특권을 누리던 보수 세력들은 부정부패의 주범으로 자신들이 지목되어 쇄신의 대상이 되자 이에 위협을 느끼고 서태후의 주변에 모여들었다. 마침내 서태후와 보수파들이 정변을 일으켜 광서제를 유폐시키자 캉유웨이는 일본으로 탈출함으로써 변법 정권은 100여 일 만에 무너졌다.

이렇게 변법자강운동이 실패하고 서구 열강의 이권 침탈 경쟁이 심화되자 이에 대한 저항 또한 커졌다. 산둥성 일대에서 조직된 의화단은 외세 배격을 외치며 베이징으로 진출하여 서양인을 암살하고 교회와 철도 등 서양인 관련 시설물을 파괴했다. 청 조정은 이를 이용하여 열강을 내몰고자 했으나 오히려 열강들에 의해 베이징이 함락되고 의화단도 진압되고 말았다.

거듭되는 패배와 이에 따른 배상금 지불 등으로 민중들의 삶은 더욱 힘들어졌고 이에 따른 불만은 청 왕조에 대한 반감으로 이어졌다. 이 시기에 일본으로 건너와 활동하고 있던 쑨원은 혁명의 구심점이 될 조직을 결성하기로 했다. 그 결과 1905년 삼민주의三民主義를 강령으로 내세운 중국동맹회가 조직되었다.

여기서 삼민주의란 만주족 왕조인 청과 외세를 타도하고 한족의 주권을 회복하자는 민족주의, 국민이 주권을 가지는 민권주의, 국민생활의 안정을 주장한 민생주의를 의미하며 이는 중국혁명의 기본 방향을 제시한 것이다. 쑨원을 비롯한 혁명 세력은 여러 차례 무장봉기를 시도하지만 뜻을 이루지 못했다.

1908년, 광서제와 서태후가 세상을 뜬 후 섭정을 맡은 순친왕은 철도 국유화를 발표하고 열강에게 차관을 빌려 재정난에서 벗어나고자 했다. 민중들 사이에서 이러한 조치가 열강에게 다시 철도 이권을 내주기 위함이란 생각이 팽배해져서 반청 분위기가 고조되었고, 철도 국유화 반대 운동이 후난성, 후베이성, 광둥성 등지에서 일어났다.

그 가운데 가장 격렬하게 일어난 곳이 쓰촨성이었다. 청 조정은 후베이성 중심도시인 우창에 있던 신군들을 동원하여 이들을 진압하려 했다. 신군은 위안스카이(원세개)가 새로 편성한 신식 군인으로 이들 중에는 쑨원의 혁명 사상에 동조하는 이가 많았다. 그리고 우창은 중국동맹회의 활동이 활발했던 지역이었다.

중산능원(쑨원의 묘지)

쑨원의 석관

 1911년 10월 10일 마침내 우창에서 신군들마저 합세한 민중들의 봉기가 시작되었다. 이른바 신해혁명의 첫 봉화가 타오른 것이다. 이것이 도화선이 되어 혁명군은 한양, 한커우, 상하이와 난징을 차례로 점령해갔다. 이에 당황한 청 조정은 은퇴해 있던 한인 관료인 위안스카이에게 내정과 군정의 전권을 위임하여 그를 총리로 기용함으로써 혁명군을 진압하고자 했다.

 1911년 12월 3일 혁명에 참여한 각 성 대표들이 통일된 중앙정부를 조직하기 위해 한커우의 영국 조계지에 모였다. 이곳에서 이들은 중화민국임시정부 수립을 선언했고 임시정부를 난징에 두기로 했다.

 그리고 12월 25일 미국에서 귀국한 쑨원을 임시 대총통으로 선출했다. 이에 따라 쑨원은 난징으로 가서 1912년 1월 1일 총통에 취임한 뒤 국호를 중화민국, 그리고 이날을 민국 원년으로 선포했다. 이로써 청 왕조는 무너지고 아시아에서 최초로 공화정이 수립되었다.

우리에게는 조금 낯선 이름의 항일 독립운동가 김규홍, 그가 신해
혁명 당시 혁명군 수뇌부의 유일한 조선인 장군이었다는 사실이 2013
년 KBS 1TV 〈발굴 추적! 항일무장투쟁의 선구자, 김규홍〉에서 처음
밝혀졌다.

범재凡齋 김규홍은 1872년 충북 옥천군 옥천읍 문정리에서 부친 명
성命性과 모친 영일 정씨 사이에서 삼남매 중 장남으로 태어났다. 성
장한 그는 고향인 옥천에 사재를 털어 진명(창명)학교를 설립하여 교육
활동에 매진하는 동시에 윤치호가 회장으로 있는 대한자강회 회원으
로 활동하며 장지연, 박은식, 양기탁 등과 교분을 쌓았다.

그러던 중 고종의 밀서를 받고 상하이에 대한제국 무관학교를 설립
하여 일제의 침략에 맞서고자 했다. 그러나 일제에 체포되어 옥고를
치른 후 1908년 초 중국 광동으로 망명을 떠났다.

당시 광동은 중국 근대화 혁명의 중심인물인 쑨원을 비롯해 모택
동, 주은래 등 혁명을 꿈꾸는 젊은이들이 모여드는 변혁의 중심지였
다. 여기서 그는 망명해 온 많은 조선 청년들을 중국혁명동맹회에 가
입시켜 군관학교에서 훈련을 받도록 주선했는데, 그중 가장 대표적인
사람이 님 웨일즈의 『아리랑』으로 널리 알려진 김산(본명 장지락)과 의
열단장으로 활약한 김원봉이다.

김규홍은 김복이란 가명으로 활약했는데, 조선의 독립을 위해서는
중국 혁명 세력과 손을 잡아야 한다고 판단해 신해혁명 당시 혁명군
수뇌부로 참여한 유일한 조선인 장군이었다. 그는 신해혁명이 성공한
뒤 광동에 수립된 혁명정부의 도독부 총참의 겸 육군소장으로 임명되

어 활약했다.

그런데 이러한 자리도 망국의 아픔을 대신할 수는 없었다. 당시 그가 숙부에게 보낸 담뱃갑에 쓴 편지를 보면 그의 심경을 조금이라도 헤아릴 수 있지 않을까 생각한다.

> 지금 고관대작이 되어 제가 차고 있는 큰 칼에
> 장군의 별이 반짝반짝 비치는 것을 보고 있노라면
> 부끄럽기 짝이 없습니다.
> 그것은 조국에 돌아가지 못하고 다른 나라인 중국에서
> 벼슬을 하고 있기 때문입니다.
> 이제는 이 생명이 다하는 날까지
> 조국 한국을 위해 신명을 다 바칠 것입니다.

김규흥

그가 말한 것처럼 조국을 위해 신명을 바치고자 쑨원의 혁명동지 4인방으로 알려진 상하이 총독 진기미, 광둥성 총독 진형명, 혁명군 참모총장 등중원, 혁명군 소장 추노 등과 지속적인 교류를 해왔으며 이러한 관계를 조선 독립운동의 연결고리로 삼고자 했다.

그는 또 1913년 홍콩에서 『향간』이라는 최초의 한중 합작 잡지를 창간하여 훗날 임시정부 2대 대통령이 되는 박은식 등을 필진으로 삼아 재중 동포들의 독립의식을 고취시키고자 노력했다.

1919년 3·1운동 준비에도 적극 참여했으며, 상하이 임시정부 수립 당시 안창호가 김규흥에게 임시정부 총리직을 맡아달라고 제안했으나 그는 임시정부와의 노선 차이를 이유로 끝내 거절했다.

그 이후 그는 미국에서 활동 중인 박용만과 함께 베이징에서 무장 독립운동을 본격적으로 시작하게 된다. 1920년 김규흥과 박용만은 일제와 싸우기 위해서는 장기적으로 준비해야 한다고 생각했고 둔전 병제를 통해 우리 민족 스스로 안정적인 독립운동자금을 마련하고자 했다.

1922년에는 '흥화실업은행'이라는 최초의 한중 합자 금융회사를 설

김규흥 생가(충북 옥천군 옥천읍 문정리)

립하여 독립운동 자금을 모집하기도 했다. 그러나 일본의 견제와 내부 중국인의 횡령으로 재정이 어려워져서 4년 만에 폐업하게 되었다. 그는 국내에 있던 가산을 털어 은행을 살리려고 했으나 뜻을 이루지 못하고 평생 조국 독립을 위해 모든 걸 바친 후 생을 마감한다.

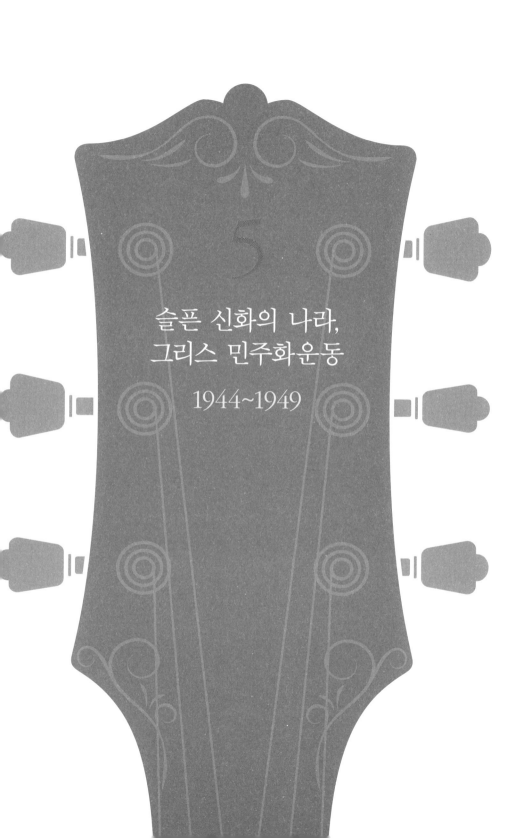

5

슬픈 신화의 나라,
그리스 민주화운동

1944~1949

1.
기차는 8시에 떠나갔습니다

기차는 8시에 떠나갔습니다

카테리니를 향해
11월이 올 때마다 카테리니행 기차를 추억합니다.
우연히 레프테리에서 우조를 마시고 있는 당신을
다시 발견했습니다.
밤은 다른 곳에서는 찾아오지 않겠지요.
당신은 비밀을 안고 그것을 아는 자를 추억합니다.
밤은 다른 장소에는 찾아오지 않겠지요.
기차는 8시에 떠나갔습니다.
그러나 당신은 홀로 카테리니의 초소에서
보초를 서고 있습니다.
마음을 비수처럼 찌르는 안개 속에서
당신은 홀로 보초를 서고 있습니다.

이 노래는 그리스 출신의 세계적인 메조소프라노 아그네스 발차 Agnes Baltsa의 '내 조국이 가르쳐준 노래SONGS MY COUNTRY TAUGHT ME'라는 음반에 다섯 번째 실린 곡으로 「기차는 8시에 떠나갔습니다」 이다.

밀바Milva, 마리아 파란투리Maria Farantouri 등이 불렀으며 우리에게 는 SBS 드라마 〈백야〉의 주제가로, 또 성악가 조수미가 불러 친숙해진 노래로 그리스 민속악기인 부주키bouzouki의 선율이 비장하면서도 애 절하다.

가사 내용은 카테리니라는 기차역을 배경으로 남녀 간의 이별을 다 루고 있다. 당시 나치에 저항한 그리스의 젊은 레지스탕스를 위해 만 들어졌으며, 노래에는 카테리니로 떠나 돌아올 줄 모르는 청년을 기다 리는 안타까운 여인의 마음이 흐른다.

그러나 이 노래는 단순한 이별노래가 아니라 그리스 현대사와 그 리스의 레지스탕스이자 반독재 민주인사의 상징으로 남아 있는 세계 음악계의 거장 미키스 테오도라키스Mikis Theodorakis의 개인사가 담겨 있다.

그는 1925년 7월 29일, 지금은 터키 땅이 된 소아시아의 키오스 섬 에서 태어났다. 독재와 억압에 저항하다 여러 번 투옥과 망명생활을 거듭하면서도 1,000곡에 가까운 가곡과 클래식을 작곡했다. 또 니 코스 카잔차키스의 소설을 토대로 한 영화 〈희랍인 조르바Zorba The Greek〉의 영화음악 작곡자로 세계적 명성을 얻었다.

테오도라키스는 2차 세계대전 당시 아테네 음악원에 다니면서 공산 주의자들이 이끄는 그리스 민족해방전선인민해방군EAM-ELAS 소속으 로 독일과 이탈리아에 저항하는 레지스탕스 운동을 시작하여 수차례 투옥된 독립운동가였다.

1944년 12월 3일 독일과 맞서 싸운 민족해방전선인민해방군EAM-ELAS을 해산하고 새로운 군대로 대치하려는 정부의 발표에 항의하는 대규모 집회가 아테네 신타그마 광장에서 열렸다. 이때 시위대를 향한 경찰의 발포가 기나긴 내전의 신호탄이 되었다.

미키스 테오도라키스

테오도라키스는 빨치산 활동을 하던 중 1947년 정부군에 체포되어 에게해의 섬에서 유배형을 당하면서 모진 고문을 받았고 두 차례나 산 채로 매장당하기도 했다. 1949년 10월 16일, 그리스 공산당은 정부와의 전쟁 종식을 선언했고 공산주의의 잔존 세력들이 그리스를 떠나 이웃 알바니아로 도망침으로써 기나긴 내전은 그리스 국민들의 가슴에 깊은 상흔만을 남기고 끝나게 되었다.

입헌군주제로 복귀한 후에도 내각의 잦은 교체로 그리스 정국은 어수선했다. 이런 속에서 테오도라키스는 민족적 정체성을 추구하는 음악에 매진했다. 그가 특히 심취한 것은 그리스 민속악기인 부주키와 민중음악인 렘베티카였다. 렘베티카는 '하층민으로부터'라는 뜻으로 억압받는 민중의 정서를 담은 민요였다.

1963년 5월 22일, 테살로니카에서 폴라리스 미사일의 그리스 배치를 반대하는 반핵, 평화 시위가 있었다. 그런데 이 모임을 주도한 좌파민주주의당 의원인 그레고리오스 람브라키스가 테러를 당했다. 시위가 끝난 후 경찰들이 지켜보는 가운데 군부의 사주를 받은 우익 테러범이 휘두른 둔기에 머리를 맞고 쓰러져 병원으로 옮겨졌으나 닷새 만에 숨을 거두고 말았다.

다음 날 거행된 람브라키스의 장례식 행렬을 따르면서 100만 명의 군중은 "람브라키스는 살아 있다, 민주주의 만세" 등의 구호를 외쳤다. 6월 4일에는 20명의 저명한 학자, 예술가, 학생, 노동자, 언론인들이 모여 '람브라키스 청년운동'을 조직했고 이때 테오도라키스가 회장으로 선출되어 적극적인 반정부 투쟁을 전개했다. 이런 가운데 1964년 피레우스에서 국회의원에 당선되었고, 2년이 넘는 진실 추적 끝에 암살 사건은 군부와 결탁한 우익 정권의 음모였음이 드러나 법의 심판이 내려졌다.

그러나 불과 몇 개월 후인 1967년 4월 21일의 군사 쿠데타로 모든 일은 원점으로 돌아갔다. 조지 파파도폴로스 육군대령을 중심으로 한 우익 군부에 의한 무혈 쿠데타가 일어나 정당활동 금지 및 계엄령 실시 등을 선언해 군부독재가 시작된 것이다. 이때 벌어진 전투로 인해 파르테논 신전 일부가 파괴되었다.

이후 파파도폴로스는 그리스의 대통령으로 8년간 군림했다. 이 기간 동안 민주주의는 짓밟히고 공산주의와 사회주의 운동이 탄압을 받았고 정부에 대한 비판적인 인사들도 국외 추방 등 갖은 박해를 당했다.

1967년 8월, 지하 활동을 하던 테오도라키스가 체포되어 투옥되었다. 그의 음악은 그리스 전역에서 연주가 금지되었고, 음반을 듣는 것조차 허용되지 않았다. 그러나 금지곡이었던 「영혼」, 「행진」, 「동경」, 「해변에서」 등 그의 노래는 더욱 큰 인기를 얻으면서 암암리에 퍼져 나갔다.

작가 아서 밀러와 동료 음악가 쇼스타코비치, 레너드 번스타인, 마리아 파란투리, 대중음악 가수 해리 벨라폰테, 존 바에즈 등이 주도한 국제 연대운동으로 그는 3년여 만에 석방됐고, 세계 여론에 밀린 군사정권은 1970년에 그를 프랑스로 국외 추방을 했다.

국외에서도 그의 활동은 멈추지 않았다. 그리스 민주주의의 회복을 위한 투쟁의 일환으로 약 1,000회의 해외공연을 가졌고 이러한 그의 활동은 독재에 반대하는 저항의 구심점이자 상징이 되었다.

마침내 1974년 7월, 그리스 민주주의를 짓밟았던 군사정권이 무너지자 그는 꿈에 그리던 고국에 돌아오게 되었다. 그리스의 민주정치 회복을 위해 테오도라키스는 정치 일선에 뛰어들었다. 1975년 국회의원 선거와 1978년 아테네 시장선거에서 낙선했으나, 여러 차례 그리스 국회의원으로 당선되어 국정에 참여했다.

임기 중인 1983년에는 레닌평화상을 수상했다. 그리고 1990년부터 1992년까지 2년 동안 국무담당 장관직을 마치고 1993년 모든 정치활동을 접은 그는 현재 작곡과 지휘에 전념하면서 국제평화와 인권운동에 매진하고 있다.

1997년 6월 그리스와 터기 사이의 영토분쟁으로 에게 해에 전운이 감돌 때, 터키의 국민 작곡가 줄푸 리바넬리와 함께 평화지대인 니코시아Nicosia(키프로스)에서 평화를 기원하는 콘서트를 열어 세계적인 화제를 모았다.

1999년에는 나토의 코소보 전쟁 개입을 반대했고, 2003년 미국 부시 정부가 주도한 이라크 전쟁을 강력히 규탄했다. 팔레스타인 민중의 해방을 지지하는 운동에도 앞장선 그는 2000년에 노벨평화상 후보자로 지명되었다.

마리아 파란투리

테오도라키스의 곡을 여러 가수들이 불렀지만 그중에서 그의 음악을 가장 잘 이해하고 부른 가수로 평가받는 인물은 마리아 파란투리이다. 그녀는 1947년 그리스 아테네에서 태어났다. 어린 시절부터 노래를 좋아해 합창단에서 활동했는데, 16살 때 한 공연장에서 테오도라키스를 만난 이후 그와 호흡을 맞춰온 음악적 동지였다.

군부독재정권에 의해 테오도라키스가 투옥을 당하자 그녀는 이에 항거하다 1967년 그리스에서 추방되어 7년 동안 세계를 떠돌았다. 그럼에도 불구하고 그녀는 노래를 통해 갈 수 없는 조국의 자유와 평화를 호소했으며, 마침내 7년간의 군부독재가 종식되자 귀국하게 되었다.

이듬해인 1975년 해외로 망명했던 민주 인사들을 위한 귀국 음악축제가 대대적으로 열렸는데 그 중심에는 마리아 파란투리가 있었다. 그녀는 지금도 그리스를 대표하는 국민가수로 존경받고 있다.

그녀의 노래가 얼마나 마음을 울렸으면 미테랑 프랑스 전 대통령이 "나에게 있어 마리아는 그리스 그 자체다. 강렬하며 순수하고 긴장감 넘치는 그녀의 목소리는 헤라 여신을 연상케 한다"라고 극찬을 했겠는가?

2.
예술과 문학으로 꽃핀 그리스혁명

영화 〈죽어도 좋아〉

학창 시절 그리스를 배경으로 한 영화 〈죽어도 좋아〉에 삽입된 「페드라」라는 영화음악에 심취한 적이 있다. 1962년 미국 출신 줄스 다신 Jules Dassin 감독이 고대 그리스 '파이드라' 신화를 모티브로 하여 배경을 현대로 옮겨 〈페드라〉란 제목의 영화로 제작하였다. 우리나라에는 '죽어도 좋아'라는 제목으로 번역되어 1967년에 처음 개봉되었다.

영화 〈페드라〉의 내용을 살펴보자. 그리스 신들의 지배자인 제우스는 바람둥이로 유명한 신이다. 그의 바람기는 여신과 인간을 가리지 않는다. 그는 자신이 맘에 둔 여인이라면 무슨 수를 써서라도 취하고 만다.

그가 자주 쓰는 수법은 변신술이다. 스파르타의 왕비 레다를 유혹하기 위해서는 그녀가 좋아하는 백조로 변신하고, 소아시아의 공주 에우로페에게는 황소로 변신해 접근하고, 테베의 공주 안티오페에게는 머리에 작은 뿔이 달렸으며 하체는 염소인 반인반수半人半獸의 괴물

영화 〈페드라〉의 한 장면

인 사티로스로 변신하여 접근했다.

　또 아르고스의 왕 아크리시오스의 딸 다나에에게는 황금비로 변신해 사랑을 나누었고, 요정 이오와 함께 있다가 부인인 헤라에게 들킬 상황에서는 임기응변으로 이오를 암소로 변신시켰다. 그래서 제우스는 많은 아들들을 두었는데 그리스 신화에 나오는 이름난 영웅들은 대부분 반신반인인 제우스의 사생아들이다. 제우스의 반신반인 아들 중 크레타 섬의 왕인 미노스가 있었다. 미노스는 그의 아내 파시파에가 황소와 관계하여 몸은 사람이지만 머리는 소인 괴물 미노타우로스를 낳자 다이달로스에게 미궁을 건설하도록 하여 미노타우로스를 그곳에 가두고, 아테네로 하여금 매년 남녀 각각 7명씩의 젊은이를 미노타우로스의 제물로 바치게 하였다.

　아테네의 왕자 테세우스는 미노타우로스를 죽이고자 제물로 위장하여 크레타 섬에 들어오는데, 그를 본 미노스의 딸 아리아드네는 첫눈에 반해 미노타우로스를 없앨 수 있는 칼과 붉은 실타래를 준다. 테세우스는 아리아드네가 준 칼로 미노타우로스를 죽이고 붉은 실타래를 이용해 그가 지나온 길을 따라서 무사히 미궁을 탈출했다. 테세우스는 제물로 함께 온 아테네의 젊은이들과 아리아드네를 데리고 크레타 섬을 빠져나왔다.

그러나 아테네로 돌아가는 도중에 낙소스 섬에서 잠깐 머물게 된 테세우스에게 여신 아테나가 꿈에 나타나 아리아드네를 섬에 버리고 가라고 지시한다. 아테네의 계시를 듣고 테세우스는 아리아드네가 잠든 사이 몰래 섬을 떠난다.

아테네로 돌아온 테세우스는 다시 아마존으로 가서 히폴리테 여왕(또는 그녀의 동생 안티오페)을 만나게 되는데 이 둘 사이에서 난 아들이 히폴리토스였다. 아테네의 왕위를 계승한 테세우스는 아들 히폴리토스를 트로이젠으로 보냈다.

한편 미노스의 아들 데우칼리온은 크레타 섬의 왕위에 오른 뒤, 테세우스가 다스리는 아테네와 동맹을 맺고 아리아드네의 동생 파이드라를 테세우스와 정략결혼을 시켰다. 마음에도 없는 사람에게 팔려오다시피 한 결혼, 게다가 상대는 과거 언니의 연인이었지만 언니를 버리고 간 믿을 수 없는 남자, 그 남자가 이제는 자신의 남편이 된 것이다.

세월이 흘러 히폴리토스는 늠름한 청년으로 성장하여 트로이젠을 다스리는 총독이 되었다. 테세우스는 파이드라와 함께 트로이젠을 찾았다. 여기서부터 비극적인 운명이 시작된다. 심술쟁이 아프로디테가 아들 에로스를 시켜 사랑 없는 결혼생활에 지친 파이드라에게 사랑의 화살을 쏘게 한 것이다. 결국 파이드라는 의붓아들인 히폴리토스를 보자마자 첫눈에 사랑에 빠진다.

하지만 히폴리토스는 그녀의 사랑을 단호히 거절하고, 그의 태도에 상처받은 피아드라의 사랑은 증오로 바뀌었다. 그녀는 남편 테세우스에게 히폴리토스가 자신을 유혹했다고 모함하고 나서 자살하고 만다.

이에 분노한 테세우스는 바다의 신 포세이돈에게 패륜아 히폴리토스의 목숨을 거두어달라고 빌었다. 한편 테세우스의 저주와 질책을 받은 히폴리토스는 자신의 결백을 주장하지 않은 채 전차를 몰고 트로이젠 해변을 달리다가 포세이돈이 보낸 바다 괴물을 보고 말이 놀라는 바람에 전차에서 떨어져 죽게 된다.

새어머니가 의붓아들에게 연정을 품어 비극적인 결말을 맞는다는 이 이야기는 파이드라 콤플렉스 또는 페드라 콤플렉스라는 정신분석 용어로 남게 되었다. 또 이 이야기를 소재로 많은 예술 작품이 만들어졌는데, 그중 앞에서 소개한 줄스 다신 감독의 〈페드라〉는 전 세계 영화 팬들의 사랑을 받았던 작품이다.

영화의 줄거리는 대략 이렇다. 그리스 해운업계의 신성으로 떠오른 타노스(라프 밸론)는 비록 이혼남이긴 하지만 앞날이 기대되는 사업가이다. 그래서 페드라(멜리나 메르쿠리)는 그리스 선박왕인 아버지의 강요로 타노스의 두 번째 아내가 된다.

타노스와 그의 전처 사이에는 런던에서 경제학을 전공하는 알렉시스(안소니 퍼킨스)라는 24세의 아들이 있었는데, 그는 본 적도 없는 새어머니 페드라를 증오하며 그리스로 돌아오려고 하지 않는다. 이에 타노스는 아들을 설득하기 위해 페드라를 런던으로 보낸다.

애당초 마음에도 없는 결혼생활에 무료한 나날을 보내던 페드라는 런던 박물관에서 젊고 순수한 청년 알렉시스를 보자마자 첫눈에 사

「히폴리토스의 죽음」(로렌스 알마타데마, 1860)

랑하게 되고 알렉시스 역시 매혹적인 새어머니에게 운명적인 사랑을 느껴 정신없이 빠져든다.

그러나 이 금단의 사랑이 깊어질수록 두 사람의 죄책감과 번민은 커져서 페드라는 알렉시스에게 그리스에 오지 말라고 당부하면서 홀로 귀국한다. 이런 사실을 모르는 타노스는 여름방학을 기해 알렉시스를 그리스로 불렀고 그를 위해 귀국 선물로 스포츠카까지 준비해놓는다.

타노스는 알렉시스와 사촌 얼시를 결혼시켜 사업 후계자로 삼고자 하여 일방적으로 결혼을 결정한다. 이를 알게 된 페드라는 질투와 절망감으로 이성을 잃고 타노스에게 자신과 알렉시스의 관계를 모두 고백하고 만다.

아내와 아들에 대한 배신감으로 분노한 타노스는 알렉시스의 얼굴이 피투성이가 될 때까지 구타한 후 내쫓는다. 페드라는 수면제를 과용한 채 죽음을 맞이하고 알렉시스는 스포츠카를 몰고 눈이 시리도록 푸른 코발트빛을 띤 에게 해의 아슬아슬한 절벽 해안도로를 전속력으로 질주한다.

때마침 라디오에서 흘러나오는 요한 세바스찬 바흐의 「토카타와 푸가」를 비웃기라도 하듯 "라라라라 페드라"를 외치며 절벽으로 돌진하는 알렉시스의 절규와 자동차의 굉음이 마지막을 장식한다. 이 영화는 한창 사춘기의 감성이 무르익어가던 시절, 비극적인 결말과 음악이 주는 비장함으로 그 후로도 오랫동안 여운이 남았다.

난 24살일 뿐이에요
겨우 24살이에요
달려, 달리는 거야
그래야지
넌 시키는 대로 해야 돼
음악을 듣고 싶어?
듣고 싶겠지
추방당한 이의 음악을 들려주지
나의 애마여
우린 바흐의 음악을 들으며
호송되는 것만으로도 영광이지
잘 있어라 등대여
사람들 말이 맞았어
넌 알다가도 모를 존재야

잘 있어라 바다여

라라라라~~~

인정하자

그녀는 날 사랑했어

바로크 시대 사람들이 그랬던 것처럼

라라라라~~~

어디에 계세요?

모두 당신 음악에 미쳐 있어요

나도 그리스에서 듣고 있죠

여긴 왜 왔죠?

아이들이나 돌볼 일이지

난 적어도 볼일이 있었어요

아버지를 죽이려 했거든요

페드라! 페드라!

세월이 훌쩍 흐른 뒤에야 영화보다 더 유명했던 이 노래를 작곡한 사람이 미키스 테오도라키스였다는 사실을 알게 되었다. 그리고 이 영화의 감독인 줄스 다신과 여주인공인 멜리나 메르쿠리가 부부 사이였다는 것, 멜리나 메르쿠리가 군사독재에 항거하다 정치적 망명을 하고 정권이 바뀌고 난 다음엔 문화부 장관까지 지낸 민주 투사이자 연기자였다는 사실도 알게 되었다.

니코스 카잔차키스의 소설 『그리스인 조르바』

니코스 카잔차키스는 현대 그리스
문학을 대표하는 작가이다. 그는 1883
년 그리스 크레타 섬에서 태어났다. 그
당시 크레타 섬은 오스만 제국의 지배
하에 있었다. 그는 1902년 아테네 대학
교에서 법학을 공부했으며, 1907년에는
파리로 유학을 떠나 철학을 공부했다.

니코스 카잔차키스

1911년 유학을 마치고 귀국하여
갈라테아 알렉시우와 결혼했으며,
1912~1913년 발칸 전쟁이 발발하자 육군으로 자원입대하여 베니젤로
스 총리 비서실에서 복무했다. 그리스는 이 전쟁으로 마케도니아 지방
남부와 크레타, 에게 해 제도를 병합했다. 그는 베니젤로스 총리와의
인연으로 1919년에 공공복지부 장관으로 임명되어 활동했으나 이듬해
베니젤로스의 자유당이 선거에 패배하자 장관직을 사임한 후 유럽 여
행을 떠났다.

갈라테아 알렉시우와 이혼한 후 홀로 지내다가 1945년 엘레니 사미
우와 결혼했다. 이때부터 다시 정치 일선에 복귀하여 그리스 사회당을
이끌었으며 소풀리스 연립정부의 정무장관을 역임했다. 1946년 정무
장관직을 사임하고 창작활동에 매진하여 그의 대표작이라 할 수 있는
『그리스인 조르바』를 저술했다.

이 작품은 카잔차키스가 1917년 크레타 섬에서 갈탄광산과 벌목
사업을 벌였을 때 만난 '요르고스 조르바스'라는 사람을 모티브로 쓴

소설로 원제는 『알렉시스 조르바의 삶과 모험Vios kai politia tou Alexi Zormpa』이다. 청년 작가가 항구에서 조르바를 만나 함께 크레타 섬으로 가 광산업을 하면서 벌어지는 이야기로 자유와 우정 그리고 인생의 의미를 생각해보게 하는 작품이다.

1942년 조르바가 세상을 뜨고 4년이 지난 뒤 카잔차키스는 이 소설을 펴냈다. 1964년에는 미카엘 카코야니스 감독이 앤서니 퀸과 앨런 베이츠를 주연으로 만든 영화 〈그리스인 조르바Zorba The Greek〉가 아카데미영화제에서 3개 부문을 석권했다.

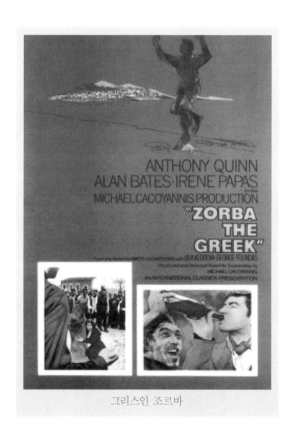

그리스인 조르바

그런데 이 영화의 음악을 맡은 사람도 미키스 테오도라키스이다. 테오도라키스는 이 영화음악을 바탕으로 발레곡인 「그리스인 조르바」를 작곡하여 1988년 이탈리아 베로나의 아레나 원형경기장에서 자신의 지휘로 초연하여 대중의 호평을 받았다. 특히 「오르탕스 부인의 죽음」은 이 작품의 백미로 꼽힌다.

작품 속의 오르탕스 부인은 젊은 날 4개국 해군 제독을 애인으로 둘 정도로 꽤 인기 있던 창녀였지만 나이가 들어 은퇴한 후 크레타 섬에서 살다 초라한 죽음을 맞이하게 된다.

그녀가 침대에 누워 마지막 숨을 거두는 순간, 그녀의 숨결이 채 끊기기도 전에 가난과 탐욕에 눈이 먼 이웃들은 그녀의 옷과 가구 심지어 키우던 닭까지 훔쳐 가는데 아직 의식이 남아 있는 그녀는 그 광경을 바라보며 쓸쓸히 숨을 거둔다. 미키스 테오도라키스는 오르탕스 부인의 이 외롭고 슬픈 죽음을 위로라도 하듯 아름다운 곡을 만들어 노래하고 있다.

카잔차키스의 또 다른 작품인 『전쟁과 신부』는 1949년에 출간되었는데, 독일의 점령이 끝난 후 시작된 그리스 내전기에 어느 마을에서 벌어지는 이야기를 담았다. 이 소설은 주인공인 야나로스 노신부를 통해 좌우 이념 대립으로 인한 동족상잔의 비극과 그 속에서 종교의 역할이 무엇인가를 생각하게 한다. 특히 그 상황이 우리나라의 비극적인 현대사와 매우 흡사하여 많은 생각과 공감을 불러일으키는 작품이다.

이 외에도 카잔차키스의 작품으로 『그리스도 최후의 유혹』을 들 수 있다. 1988년 마틴 스코세이지 감독이 영화로 만들어 더욱 유명해진 이 작품은 예수 그리스도의 고귀한 희생을 주제로 했지만, 그가 죽어가면서도 사랑하는 여인과 연애하고 결혼해 행복하게 사는 꿈을 꾸는 장면 등 예수의 신성보다 인간성을 강조했다는 이유로 기독교 근본주의자들로부터 거센 반발을 받았다.

결국 이로 인해 문제가 생겼다. 74살의 그가 1957년 여행 중 독일에서 사망하자, 그의 시신은 아테네로 운구되었지만 그리스정교회의 거부로 교회 묘지가 아닌 고향 크레타 섬 이라클리오의 성문 근처에 안치된 것이다. 나무 십자가 하나가 전부인 그의 묘비에는 그가 생전에 써놓은 묘비명이 이렇게 새겨져 있다.

나는 무엇도 바라지 않는다.
나는 무엇도 두려워하지 않는다.
나는 자유다.

3.
그리스혁명의 역사를 찾아서

신화의 나라 그리스, 비록 한국과는 멀리 떨어져 있지만 그 역사는 우리의 아픈 현대사와 놀랍도록 닮은꼴로 진행되어왔다. 우리에게 그리스는 이천 년 전 파르테논 신전과 그리스 신화로만 기억되고 있지만 그리스 역사는 고통과 비극의 연속이었다.

기원전 388년 마케도니아의 알렉산더 대왕에게 아테네가 정복당한 이후 그리스는 마케도니아의 지배를 받았고, 이어서 로마와 비잔티움 제국의 식민지 신세가 되었다. 1453년 비잔티움 제국이 멸망하고 오스만 제국 시대가 시작되면서 그리스 땅은 대부분 투르크인의 지배를 받았다.

이렇듯 지속적으로 이민족의 지배를 받아왔던 그리스에서는 18세기 후반 프랑스혁명 이후 유럽에 팽배했던 민족주의 운동의 영향을 받아 1821부터 독립운동이 활발해졌다. 마침내 1830년 3월 25일 영국, 프랑스, 러시아의 지원하에 독립왕국이 수립되고 오토 1세가 국왕으로 즉위했다.

독립왕국이 성립되긴 했으나 영국, 프랑스, 러시아의 내정간섭이 지속되었고 군부 쿠데타 발생 등으로 정국 불안은 계속되었다. 그런 와중에도 1863년 입헌군주국이 되었으며 1912부터 1913년에 걸쳐 발생한 제1, 2차 발칸전쟁에서 승리하여 마케도니아의 일부 지역을 회복했다.

1924년에 왕정이 폐지되고 공화정이 선포되었으나 1935년 왕당파의 승리로 다시 왕정이 부활되는 등 정치적 혼란이 계속되다 결국 제2차 세계대전 중인 1941년 1월 독일군에게 점령당했다. 이때 국왕은 런던으로 망명했고, 카이로에는 망명 정부가 수립되었다. 그리스 내에서도 민중들은 좌익인 민족해방전선과 좌익 공화파인 민족민주연맹이 이끄는 레지스탕스 운동을 통해 민족해방투쟁을 전개하는 동시에 왕당파 중심의 망명정부와도 맞섰다.

1944년 11월 독일이 패망하고 그리스는 해방이 되었다. 망명정부 수반인 게오르게 파판드레우가 영국군과 함께 아테네로 돌아와 민족해방전선에 대한 무장해제와 해산을 시도하자, 이에 대한 반발로 1944년 12월 3일 1차 내전이 발생했다.

1차 내전은 영국군의 개입으로 파판드레우가 겨우 진압에 성공했으나, 1947년 말 다시 공산주의자들이 그리스 북쪽 산악지대에 임시정부를 세움으로써 2차 내전에 돌입하게 되었다. 이때 발칸 반도의 공산화를 우려한 미국은 우파에 대한 경제적·군사적 지원을 통해 그리스 내전에 깊숙이 개입했다.

1949년 10월 16일 그리스 공산당 방송국은 내전의 종식을 선언하고, 많은 수의 공산주의자들이 이웃나라 알바니아로 도망쳤다. 3년간의 내전으로 양측 모두 5만 명이 전사하고 50만 명의 그리스인이 난민 신세가 되었다. 이처럼 그리스 내전은 우리의 한국전쟁과 같이 동족상

잔의 아픔을 간직한 비극적 사건이었다. 내전 이후 그리스에 친미 반공국가가 수립되고, 군사독재의 길로 나간 것도 안타까운 우리의 현대사와 많이 닮아 있다.

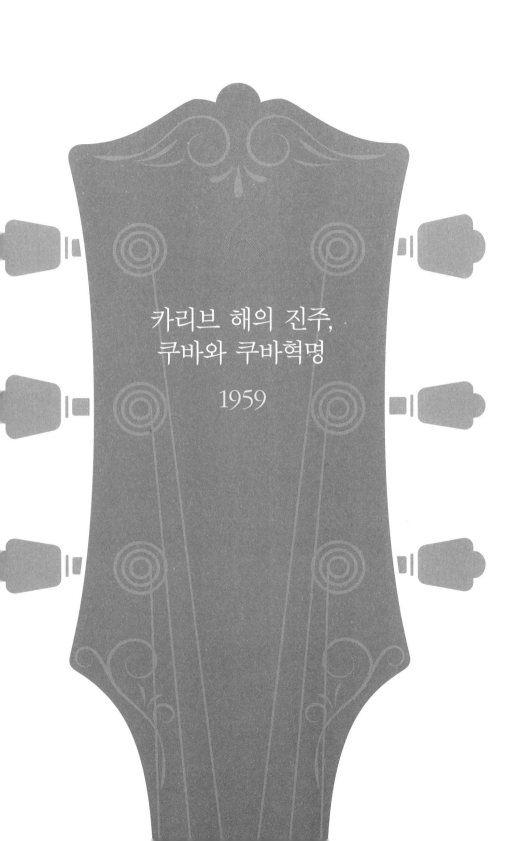

6

카리브 해의 진주,
쿠바와 쿠바혁명

1959

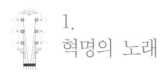

1.
혁명의 노래

호세 마르티, 「관타나메라」

관타나메라 과히라 관타나메라

관타나메라 과히라 관타나메라

나는 진실한 사람

야자수 무성한 고장 출신

죽기 전에

이 가슴에 맺힌 시를 노래하리라

관타나메라 과히라 관타나메라

관타나메라 과히라 관타나메라

내 시는 화창한 초록색

내 시는 불타는 선홍색

내 시는 상처 입은 사슴

산속 보금자리를 찾는

이 땅의 가난한 사람들과 더불어

이 한 몸 바치리라

골짜기에서 흐르는 시냇물이

나는 바다보다 더 좋아

관타나메라 과히라 관타나메라

관타나메라 과히라 관타나메라

쿠바 동부의 시골 항구인 '관타나모에서 농사를 짓는 여인'이란 뜻을 담고 있는 밝고 경쾌한 리듬의 이 노래는 오늘날 라틴아메리카를 대표하는 명곡 중 하나로 쿠바 국민들뿐만 아니라 전 세계인의 사랑을 받고 있다. 이 노래는 쿠바의 시인이자 사상가, 교수, 혁명가였던 호세 마르티의 시에 곡을 붙인 것이다.

쿠바에서는 '호세 마르티'라는 이름을 아바나 국제공항의 이름에서, 또 1페소짜리 지폐와 쿠바 곳곳의 공원과 학교, 거리 이름 등에서 쉽게 찾아볼 수 있다. 그만큼 쿠바인들에게 존경의 대상인 마르티는 1853년 1월 28일 아바나에서 경찰관의 아들로 태어났다.

당시 스페인의 식민 통치를 받던 쿠바의 현실로 인해 마르티는 자연스럽게 민족의식과 독립의식을 품게 되었다. 마르티는 16살의 어린 나이로 쿠바의 독립을 염원하는 「절름발이 악마」, 「자유 조국」 등의 시를 발표했다. 17살에는 스페인군에 입대한 동료 학생을 비판한 편지가 공개되면서 6년형을 받고 수감생활을 하였다. 이후 그는 스페인으로 추방되어 사라고사 대학에서 법학과 철학 등을 공부하고 라틴아메리카, 유럽, 미국 등지를 떠돌며 기자로, 혁명가로, 또 문필가로 활동하면서 쿠바 독립을 지지해줄 것을 호소했다.

마르티는 1882년에 시집 『이스마엘리요』를 펴내고 1891년에는 『소박한 노래』를 출판했는데 앞에서 언급한 관타나메라의 노랫말은 이 시집에 수록된 시 세 편에서 한 구절씩 따온 것이다. 1892년 마르티는 뉴욕에서 쿠바혁명당을 결성하고 대표로 선출되었다.

호세 마르티

1894년 쿠바혁명당은 마르티의 지도 아래 스페인군을 몰아낼 무장봉기를 준비했다. 그해 12월 마르티와 동료들은 각종 무기를 실은 배 3척을 준비하여 플로리다를 떠나 쿠바로 향할 예정이었지만, 미국의 방해로 출항을 못 하고 있었다.

한편 마르티의 군사원조를 기다리던 쿠바 국내의 독립 세력들은 더 이상 지체할 수가 없어 마침내 1895년 1월 29일 스페인군을 상대로 독립전쟁을 선포했다. 마르티가 10여 명의 동지들과 함께 어렵게 귀국한 것은 그해 4월 11일이었다. 그리고 그는 5월 19일 도스 리오스 전투에서 앞장서 싸우다가 장렬히 전사했다.

그는 비록 그렇게 산화했지만 그가 남긴 독립정신과 행동은 체 게바라를 비롯한 많은 혁명 전사들의 본보기가 되어 향후 라틴아메리카의 해방운동에 지대한 영향을 미쳤다.

그가 봉기를 일으킨 1894년은 공교롭게도 우리나라에서 동학농민혁명이 일어난 해이다. 또 그가 죽은 1895년 또한 동학농민혁명의 지도자 전봉준이 처형당한 해이며 그가 세상을 떠났을 때의 나이 또한 41살로 전봉준과 같았다. 전봉준과 호세 마르티, 이 두 사람은 각기 다른 공간에서 같은 시간대에 제국주의의 침략에 맞서 자유와 평등,

자주를 외치며 민중들과 함께 싸우다 생을 마감한 것이다.

호세 마르티는 갔지만 쿠바인들의 애환과 눈물이 녹아 있는 노래 「관타나메라」가 처음 음반으로 나온 것은 1945년이었다. 호세 페르난데스 디아스라는 가수가 마르타의 시집에서 발췌하여 노래했으나 얼마 지나지 않아 곧 잊혔다. 그러다 이 노래가 쿠바를 넘어 세계인들에게 널리 알려진 것은 미국의 전설적인 포크가수 피트 시거Pete Seeger, 1919~2014 덕분이었다.

전 세계가 핵전쟁의 공포에 떨어야만 했던 쿠바 미사일 위기 직후인 1963년, 피트 시거가 이 노래를 소개하면서 반제국주의, 반전평화 운동의 상징적인 노래가 되었다. 이후 1966년 10월 남성 3인조 보컬 '샌드 파이퍼스The Sandpipers'가 이 노래를 다시 불러 앨범 차트 9위에 올려놓음으로써 비로소 전 세계적인 인기를 얻게 되었다.

특히 피트 시거는 1950년대 초반 우리나라의 「아리랑Ariran」을 불러 대중에게 소개한 미국 가수로 널리 알려졌다. 그는 1941년에 발간된 조선인 혁명가 김산(본명 장지락)의 삶을 담은 님 웨일즈의 『아리랑』을 읽고 감동을 받아 저항과 혁명의 노래로 「아리랑」을 소개했다.

피트 시거는 2014년 1월 27일 뉴욕의 한 병원에서 사망했는데 1만여 명의 추모객들이 그가 부른 「Where Have All The Flowers Gone」(꽃들은 모두 어디에 갔나)를 합창하며 그의 죽음을 애도했다.

체 게바라를 위한 추도곡 「사령관이여 영원하라」

1959년 쿠바혁명 성공 후 6년이 지난 1965년 4월 쿠바에서의 생활에 안주하지 않고 혁명가로서의 삶을 이어가기 위해 체 게바라는 '영원한 승리의 그날까지Hasta la Victoria Siempre'라는 말을 남기고 새로운 길을 떠났다.

새로운 혁명을 위해 고난의 길을 떠난 체 게바라를 응원하고자 1965년 쿠바의 작곡가 카를로스 푸에블라는 「아스타 시엠프레 코만단테Hasta siempre Commandante」(사령관이여 영원하라)라는 스페인어 노래를 작곡하여 화답했다.

체 게바라가 죽은 뒤 카를로스 푸에블라가 헌정했던 그 곡은 체 게바라의 죽음을 추모하는 대표적인 노래가 되어 존 바에즈를 비롯한 세계의 많은 음악가들이 불렀다.

그중 '베네수엘라의 보석'이라는 별명을 지닌 여성 가수 솔레다드 브라보Soledad Bravo와 시칠리아인 아버지와 스페인 어머니 사이에 태어난 가수이자 배우인 나탈리 카돈Nathalie Cardone이 부른 노래가 유명하다.

Hasta siempre Commandante(사령관이여 영원하라)

우리는 당신을 사랑하게 되었어요. 당신을 죽음으로 이끌었던
당신의 용맹한 태양이 서 있던 역사의 절정으로부터.
여기 당신의 존재가 갖는 선명하고 깊은 투명성이 남아 있습니다.
우리의 사령관 체 게바라여!
당신의 영광스럽고 강력한 손은 역사를 겨냥하지요.
전 산타클라라가 당신을 보기 위해 깨어날 때
여기 당신의 존재가 갖는 선명하고 심오한 투명성이 남아 있습니다.

우리의 사령관 체 게바라여!

밝은 미소를 지으며 당신은 깃발을 꽂으러
봄의 태양으로 산들바람을 태우며 오지요.
여기 당신의 존재가 갖는 선명하고 깊은 투명함이 남아 있습니다.
우리의 사령관 체 게바라여!
당시의 혁명적 사랑은 당신의 강건한 팔을
기다리는 새로운 사업으로 당신을 이끌어가고
여기 당신의 존재가 갖는 선명하고 깊은 투명함이 남아 있습니다.
우리의 사령관 체 게바라여!

우리는 계속할 거예요. 우리가 함께 당신을 따르는 것처럼
그리고 피델처럼 우리는 말해요, 우리의 영원한 지도자라고.
여기 당신의 존재가 갖는 선명하고 깊은 투명함이 남아 있습니다.
우리의 사령관 체 게바라여!

솔레다드 브라보 작품집

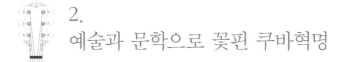

2.
예술과 문학으로 꽃핀 쿠바혁명

영화 〈모터사이클 다이어리〉

1997년은 20세기의 전설적인 혁명가 체 게바라가 죽은 지 30주년이 되는 해이다. 그의 죽음을 애도하기 위해 수많은 평전과 추모 음반, 다큐멘터리, 영화 등이 제작되었고 알베르토 코르다가 찍은 그의 얼굴 사진을 담은 티셔츠가 저항의 상징이 되어 남미는 물론 전 세계의 젊은이들에게 큰 인기를 끌었다.

그중 23살 때 체 게바라가 직접 쓴 남아메리카 여행기를 바탕으로 만든 영화 〈모터사이클 다이어리〉가 화제가 되었다. 영화는 아르헨티나에서 태어나 부에노스아이레스 의과대학에서 의학을 전공하며 시인을 꿈꾸던 '푸세'라는 애칭을 가진 체 게바라가 미래의 삶을 모색하고자 친구 알베르토 그라나도와 함께 기름 새는 고물 오토바이를 타고 남미 여행을 떠나면서 시작된다.

이 영화는 장장 8개월 동안 아르헨티나의 코르도바에서 칠레의 안데스 산맥과 볼리비아의 탄광촌, 페루의 잉카문명 유적지를 거쳐 산

파블로San Pablo(사도 바울)의 나환자촌까지 이어지는 남아메리카 대륙을 여행하면서 겪는 갖은 역경과 에피소드를 보여준다. 그 과정에서 목격한 민중들의 비참한 삶과 그들과 함께하면서 민중들의 고통을 자신의 것으로 받아들이는 체 게바라의 모습을 담은 로드무비 형식의 영화이다. 이 영화를 만든 브라질 출신의 월터 셀러스 감독은 〈중앙역〉을 통해 1998년 베를린 영화제 금곰상을 수상하며 세계적인 명성을 얻었다.

미지에 대한 막연한 동경과 두려움을 안고 떠난 두 사람 앞에 나타난 현실의 무게는 결코 녹록지 않았다. 고장 난 고물 오토바이를 버리고 걷는 육체의 고통쯤은 아무것도 아니다. 칠레에서 만난 일용직 광산노동자들의 삶과 지주에게 쫓겨난 안데스 농민들의 안타까운 고백을 통해 새로운 자아에 눈떠가는 푸세의 정신적 혼돈, 그리고 그들의 마지막 여정은 페루 산파블로의 나환자촌이었다.

이곳에서 두 사람은 숙식을 해결하는 동시에 나병 환자들을 돌보는 의료봉사를 하게 된다. 첫째 날, 나환자촌을 방문한 푸세는 전염병이 아니니 옮을 염려는 없지만 원칙대로 갈색 고무장갑을 끼고 나환자를 대하라는 지시를 무시하고 마을 이장 격인 칼리토 신부와 맨손으로 악수를 한다.

그러한 태도를 보고 놀라는 나환자촌 사람들, 이후 두 사람은 그들과 축구도 즐기고 지붕 수리에도 힘을 보태며 진심으로 고락을 함께한다. 그러던 어느 날 밤, 마을의 적막을 깨고 나지막이 들려오는 북소리, 칼리토 신부의 투박한 북소리 연주가 시작되었다. 그리고 그 연주를 따라 하던 두 사람, 연주가 멈추자 박수소리가 온 마을에 울려 퍼진다.

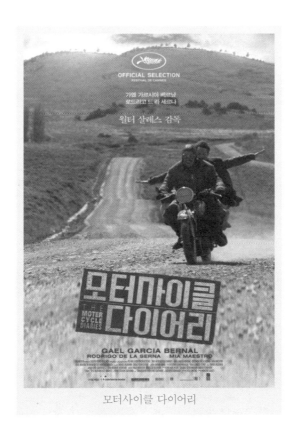

모터사이클 다이어리

　북소리 하나로 공감하는 마을 사람들, 하지만 그 공감은 나환자촌에 국한된 것이었다. 나환자촌과 의료진이 살고 있는 병원과 숙소는 아마존 강을 중심으로 갈라져 있고 의사들과 수녀들이 나환자들을 더없이 헌신적으로 돌본다 할지라도 그 강은 여전히 건널 수 없는 마음의 경계인 것이다. 푸세는 이곳에서의 마지막 날, 24살 생일을 맞아 의료진과 수녀들에게 축하를 받는다. 그는 마지막 건배사에서 그동안의 여정에서 느낀 소회를 밝힌다.

이제 내일이면 페루를 떠나니 작별의 인사를 고해야겠군요. 저희를 돌봐주신 이 나라 모든 분들께 진심으로 감사하다는 말을 전합니다. 몇 가지 덧붙이고 싶은 말이 있는데, 춤은 아니니까 걱정 마세요.

비록 우리가 이런 말을 하기에는 한없이 부족한 사람들일 테지만, 이번 여행에서 아메리카 대륙의 실체 없는 분열과 불확실한 국가 정체성은 현실이 아니라는 것을 확인할 수 있었습니다. 이 자리를 빌려 우리가 단일한 민족으로서 편협한 지역주의를 탈피하는 한편 아메리카 대륙과 페루의 연합을 위해 다 같이 건배합시다.

그러고 나서 나환자들과도 생일의 기쁨을 함께 나누고 싶다는 소박한 마음을 담아 아직까지 누구도 건넌 적 없다는 아마존 강에 몸을 던진다. 고질병인 천식에 차가운 강물이 치명적이라는 것을 알면서도 차별과 편견의 경계를 무너뜨리고자 어둠의 강을 건너 나환자촌으로 향한 것이다.

삶과 죽음의 경계를 뛰어넘은 몸부림의 사투가 차가운 물살을 가르고 그를 걱정하는 알베르토와 의료진의 만류의 고함소리가 나환자촌을 깨운다. 드디어 양측의 걱정과 응원의 함성 속에서 푸세는 무사히 강을 건너고 마침내 두 곳의 보이지 않는 마음의 벽이 사라지는 순간을 맞이한다.

그렇게 푸세와 알베르토의 여행은 끝이 나고 일상으로 돌아와 알베르토는 카라카스의 병원에서 일하게 된다. 의사의 삶을 함께하자는 알베르토의 권유를 물리친 푸세, 그는 여행을 통해 푸세가 아닌 체 게바라로 거듭나고 세상의 불평등과 싸우는 혁명가의 삶을 시작하게 된다.

체 게바라는 1928년 6월 14일, 아르헨티나 로사리오에서 중상류 정도의 백인 가정에서 5남매 중 장남으로 태어났다. 2살 무렵 폐렴을 앓은 탓에 평생 천식으로 고생했다. 그가 태어나고 자랐던 시기의 아르헨티나는 세계 경제 순위 7위였을 정도로 부유한 나라였으나 그 부는 백인 상류층에 집중되었고 대부분의 민중들은 가난과 불평등에 시달렸다.

체 게바라

앞서 살펴본 바와 같이 그는 라틴아메리카 여행을 통해 민중들의 가난한 생활을 체험하면서 자신이 가야 할 길을 정했다. 1953년 의과대학을 졸업한 그는 의사로서의 안정된 삶을 버리고 과테말라로 떠났다. 그곳에서 페루에서 학생운동을 하다 쫓겨나 망명생활을 하던 여성 운동가인 일다 가데아를 만나 결혼을 했다.

그러던 중 1954년 미국 중앙정보국CIA의 지원을 받은 아르마스의 쿠데타가 일어나 하코보 아르벤스가 이끄는 진보적 좌익 정권이 붕괴되는 것을 목격했다. 이에 비폭력적 개혁은 낭만에 불과할 뿐, 남미 민중들의 빈곤과 불평등을 해결하는 방법은 오로지 무력을 통한 혁명밖에 없다는 확신을 갖게 되었다.

그는 과테말라의 아르마스 독재정권으로부터 핍박을 받게 되자 1955년 일다 가데아와 함께 멕시코로 망명했다. 그곳에서 체 게바라는 쿠바의 망명 정치가인 피델 카스트로와 운명적인 만남을 하게 된다.

당시 피델 카스트로는 1952년 쿠바의 대통령 선거에 나섰다가 풀겐시오 바티스타의 쿠데타로 선거가 무산된 뒤 멕시코로 망명했으며 그곳에서 바티스타 독재정권을 전복시킬 준비를 하고 있었다.

체 게바라는 피델 카스트로의 쿠바 해방 운동에 참여하였다. 1956년 12월 2일, 피델 카스트로는 86명의 동지들과 무장 저항 운동 단체를 설립할 목적으로 배를 타고 멕시코에서 쿠바로 떠났다. 이때 체 게바라는 아내와 딸 이루디다를 멕시코에 남겨두고 혁명의 대열에 참여한다.

쿠바 남동부에 위치한 시에라마에스트라 산맥에 도착한 그들은 이동한 지 3일 만에 바티스타 군대의 공격을 받았다. 여기서 살아남은 사람은 겨우 12명에 불과했다. 이들은 산간지역을 전전하면서 게릴라 투쟁을 전개했고 쿠바 내 반정부 세력과 손을 잡으면서 급속도로 세력이 커졌다.

이제 체 게바라는 피델 카스트로에 이어 반군 내 2인자의 위치까지 오르게 되었다. 1958년 12월 29일, 체 게바라는 쿠바 제2의 도시인 산타클라라를 공격하여 승리를 거두었다. 이 승리를 계기로 쿠바의 민중들이 체 게바라의 군대에 앞다투어 참여했고 반군은 수도 아바나로 가는 길을 확보하게 되었다.

한편, 산타클라라에서의 패배 소식이 전해지자 바티스타는 1959년 1월 1일 도미니카로 도주했으며 피델 카스트로가 이끄는 반군이 1월 8일에 수도 아바나에 도착함으로써 마침내 쿠바혁명은 성공을 거두었다.

쿠바에 사회주의 정권이 수립되어 피델 카스트로는 총리가 되었고, 체 게바라는 그간의 공로로 쿠바 국민으로 인정을 받아 1959년부터 1965년까지 국가농업개혁연구소의 산업부장, 쿠바 국립은행 총재, 공업장관직을 역임했다. 그러나 1965년 4월, 체 게바라는 쿠바에서의 생활에 안주하지 않고 새로운 일을 찾아 떠났다. 피델 카스트로에게 '쿠바에서 내가 할 일은 다 끝났다'는 편지를 남기고 사라졌다.

쿠바에서 자취를 감춘 체 게바라는 아프리카 콩고로 가 혁명군을 지원하는 활동을 하다 다시 남미로 돌아와 볼리비아의 혁명에 참여했다. 당시 볼리비아는 1964년 미군의 지원을 받은 바리엔토스의 쿠데타로 군사독재 아래 있었는데 체 게바라는 반군을 이끌고 게릴라 활동을 펼쳤다.

그러나 큰 성과를 얻지 못하고 1967년 10월 8일, 라이게라 마을 바로 북쪽 계곡에서 왼쪽 다리에 총상을 입은 채 볼리비아 정부군에 체포되고 말았다. 체포된 체 게바라는 곧바로 라이게라 마을로 압송되어 마을의 작은 폐교에 갇혔다.

잠시 후 체 게바라의 체포 소식을 들은 미 중앙정보국CIA 요원과 볼리비아군 장교들이 체 게바라의 처리를 논의하기 위해 헬기를 타고 현장에 도착했다. 결론은 즉결 처형이었다.

결국 20세기의 혁명가 체 게바라는 1967년 10월 9일, 재판도 없이 마리오 테란이라는 볼리비아 하사관의 손에 사살되었다. 죽기 전 "지금의 실패는 결코 혁명의 종말이 아니다"라는 유언을 남기고 39세의 생을 마감한다. 체 게바라를 쏜 마리오 테란은 6개월 후 자신의 집 4층에서 투신자살을 하고 말았다.

체 게바라의 시신은 다른 게릴라 동료들의 시신과 함께 군 헬기로

체 게바라 혁명기념탑과 그의 동상

바예그란데의 세뇨르 드 말타 병원으로 실려 갔다. 훗날 그가 누군지 알 수 없게 하려고 손목을 잘랐으며, 아르헨티나에서 온 3명의 법의학자들이 그의 지문만 대조하고 처형 사실을 공표했다. 그런 뒤 비밀리에 시 외곽 마우솔쿰 지역에 암매장되었다.

그가 죽은 지 30년이 되던 1997년 10월 17일, 쿠바와 아르헨티나 공동조사팀의 끈질긴 추적 끝에 체 게바라의 유해를 발굴하는 데 성공했다. 그리고 그의 유해는 1958년 쿠바혁명 당시 바티스타 친미독재 정부군을 상대로 결정적 승리를 거두었던 산타클라라의 혁명기념관에 볼리비아 혁명 전사들의 시신과 함께 안장되었다.

헤밍웨이의 소설 『노인과 바다』

쿠바의 북쪽 해안, 산티아고는 스페인 카나리아 제도에서 쿠바로 이민 온 노련한 늙은 어부다. 고기잡이를 나가지만 번번이 빈손으로 돌아왔다. 무려 84일이나 고기를 잡지 못하고 허탕만 치던 노인은 동료 어부들 사이에서도 웃음거리였다. 그런 그를 풋내기 조수 마놀린은 존경하고 따랐다.

마침내 84일째 되는 날 홀로 바다로 나간 노인은 그의 배보다 더 거대한 물고기를 이틀 밤낮에 걸친 혈투 끝에 잡게 된다. 그 물고기를 배에 묶어 항구를 향해 돌아오는데 피 냄새를 맡은 상어들의 공격을 받고, 결국 머리와 뼈만 앙상하게 남은 잔해를 끌고 집으로 돌아온다. 지친 노인은 자신의 오두막에 누워 아프리카 초원의 사자를 꿈꾸며 잠든다.

너무도 유명한 이 이야기는 자신에게 주어진 불운과 고난의 역경에 맞서 이겨낸 인간 정신의 승리를 그려낸 소설 『노인과 바다』의 줄거리이다. 1952년 이 작품이 처음 발표된 『라이프』지 9월호는 불과 이틀 만에 500만 부 이상이 팔릴 정도로 큰 성공을 거두었다고 한다.

작가인 어니스트 헤밍웨이 자신도 이 작품을 가리켜 "지금 내 능력으로 쓸 수 있는 가장 훌륭한 글"이라고 언급한 바 있다. 이 작품으로 헤밍웨이는 1953년에 퓰리처상을 수상했고, 1954년에는 노벨문학상까지 수상하는 영예를 차지했다.

그런데 이 작품의 실제 무대이자 집필이 이뤄진 곳은 쿠바 아바나이다. 헤밍웨이는 1939년부터 1959년까지 약 20년간을 이곳에서 살았다. 헤밍웨이는 쿠바혁명을 지지했으며 피델 카스트로와 약간의 친분도 있었지만 단지 미국인이라는 이유만으로 쿠바에서 추방당했다. 그렇지만 반세기가 지난 지금 그는 쿠바를 대표하는 상징으로 남아 있다. 그가 쿠바에 체류할 때 살았던 집은 '전망 좋은 목장'이라는 뜻인

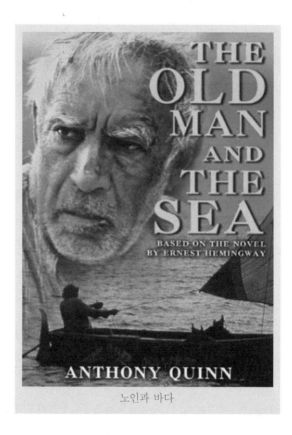

노인과 바다

'핑카 비히아Finca Vigia'로 불리며 1961년 박물관으로 지정된 이래 지금까지 유수한 관광 명소가 됐다.

헤밍웨이는 1899년 7월 21일 미국 일리노이 주 오크파크(현재의 시카고)에서 의사인 아버지와 성악가 출신 어머니 사이에서 장남으로 태어났다. 1917년 고등학교를 졸업한 후 캔자스시티로 가서 지방 신문인 『스타』의 인턴 기자가 되었다가 그만두었다.

제1차 세계대전 때 미국 적십자사의 구급차 운전사로 자원입대했는데 이탈리아 전선에서 중상을 입고 고향으로 돌아온다. 전쟁이 끝난 후 『토론토 스타』의 해외통신원으로 파
리로 건너가 소설을 쓰기 시작했다. 그
의 소설 『무기여 잘 있거라』는 이때의
체험이 바탕이 된 작품이다.

그는 사냥과 낚시, 투우 등 취미활동
과 함께 전쟁에도 관심이 있었다. 1936
년 7월 17일 파시스트이자 후에 군사
독재자가 된 프랑코가 쿠데타를 일으

어니스트 헤밍웨이

켜 스페인 내전이 발발하자 프랑코에 반대하는 공화파의 입장에서 참
전했다. 이때의 경험을 담은 소설이 그 유명한 『누구를 위하여 종은
울리나』이다.

스페인 내전이 끝난 후 그는 쿠바 아바나 교외에 자리를 잡았다. 이
어 제2차 세계대전이 발발하자 종군기자로 연합군의 노르망디 상륙
작전과 파리 해방 전투에 참여했다. 전쟁이 끝나고 쿠바로 돌아온 그
는 1952년 아바나 근교의 코히마르 어촌에서 영감을 얻어 대표적 걸작
으로 꼽히는 『노인과 바다』를 집필한다.

1953년 아프리카 여행을 하던 헤밍웨이는 두 번이나 비행기 사고를
당해 중상을 입는다. 요양 중이던 그는 1959년 쿠바혁명이 일어나자
1960년에 미국 아이다호 주 케첨으로 돌아와 정착했다. 말년에 그는
심한 우울증과 지병에서 벗어나고자 술로 나날을 보내다 1961년 7월
엽총으로 자살함으로써 생을 마감하였다.

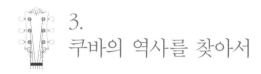

3.
쿠바의 역사를 찾아서

이곳은 사람의 눈으로 본 가장 아름다운 땅이다.

1492년 콜럼버스가 쿠바를 처음 발견한 후 일기에 남긴 말이다. 카리브 해의 아름다운 섬, 쿠바는 콜럼버스가 스페인 영토로 선포한 이래 무려 400여 년간 스페인의 지배를 받았다.

스페인의 가혹한 식민 통치에 맞서 1868년부터 1878년까지 제1차 독립전쟁이 일어났다. 10년 동안 투쟁한 결과 마침내 스페인으로부터 정치개혁과 노예 해방의 약속을 받아냈지만 스페인은 이를 이행하지 않았다.

결국 1895년부터 1898년에 걸쳐 제2차 독립전쟁이 전개되었다. 제2차 독립전쟁 중이던 1898년, 아바나 항에 정박 중이던 미국의 메인호에서 원인 모를 폭발사고가 일어난다. 이를 스페인의 소행으로 간주한 미국은 1898년 4월 25일 스페인과의 전쟁을 선포하면서 전쟁에 개입했다.

6월 10일에는 미 해병대가 관타나모에 상륙했고 8월 12일에 스페인은 항복을 선언했다. 1898년 12월 체결된 강화조약에 따라 스페인은 쿠바를 비롯해 필리핀과 괌, 푸에르토리코 등에 대한 일체의 권리를 미국에 양도했다. 쿠바를 차지한 미국은 가장 먼저 마르티가 만든 쿠바혁명당을 해체시켰다. 그렇게 미국의 군정을 3년여 거친 후 1902년 쿠바는 드디어 독립을 이루게 된다.

그러나 쿠바 관타나모에 미군기지가 설치되고 친미정권이 들어섬으로써 쿠바는 실질적으로 미국의 지배 아래 있었다. 이후 친미정권의 독재와 부정부패로 인해 여러 차례 민중 봉기가 일어났으나 모두 미국의 군사개입으로 진압되고 말았다.

1933년 쿠데타로 정권을 장악한 바티스타는 대통령에서 물러난 후에도 권력욕에 사로잡혀 1952년 다시 군사 쿠데타를 일으켜 독재정권을 수립했다. 이런 바티스타 정권과 이를 묵인하고 지원해준 미국에 대한 민심은 싸늘했다.

이때 등장한 인물이 민족주의자이자 인권변호사로 활약하던 피델 카스트로이다. 그는 1953년 몬카다 병영을 습격하다 실패해 체포되었다가 풀려나자 멕시코로 건너가 약 800명의 혁명군을 조직했다. 1956년 12월에 체 게바라 등과 함께 그란마호Granma(할머니)를 타고, 쿠바에 상륙, 바티스타 정부군과 내전을 치렀으나 뜻을 이루지는 못했다.

마침내 1959년, 혁명군들의 집요한 공격으로 쿠바혁명은 성공한다. 바티스타는 도미니카 공화국으로 도망가고 1월 1일 피델 카스트로와 체 게바라, 라울 카스트로, 카밀로 시엔푸에고스 등 혁명 전사들이 아바나에 입성한다.

피델 카스트로는 쿠바 혁명정부의 총리가 되었으며, 혁명정부가 모든 기업에 대한 국유화를 선언하자 미국 소유의 대기업들은 쿠바에서 철수했다. 미국은 그 보복조치로 1960년 쿠바에 대한 경제제재에 이어 단교를 선언하고 미국인의 쿠바 여행을 금지시켰다.

더 나아가 미국은 무력으로 쿠바의 혁명정부를 전복시키기 위해 CIA의 지원 아래 1961년 4월 피그만 사건을 일으켰다. 이는 미국이 쿠바 정부를 전복하기 위해 1,400명의 반카스트로 세력인 쿠바 망명자들을 조직하여 쿠바 남부 피그만을 공격하다 실패한 사건이다. 미국은 쿠바에 대한 주권침해 행위라는 국제 사회의 비판을 받게 되었고, 이로 인해 더욱 냉각된 양국의 관계는 1962년 10월 쿠바 미사일 위기로 절정을 이룬다.

이 사건 이후 카스트로는 소련에 접근했고, 소련은 소련대로 쿠바를 이용해 미국을 견제하고자 했다. 소련은 지원이라는 명목하에 쿠바에 중거리 탄도 미사일 발사대를 건설하기 시작했는데, 이를 탐지한 미국의 존 F. 케네디 대통령이 쿠바의 해상을 봉쇄하고 마침 쿠바로 향하던 소련 선단이 쿠바 영해에 접근하면 발포하겠다고 위협했다.

소련의 서기장인 니키타 흐루쇼프가 이를 무시하고 미사일을 실은 소련 선단을 쿠바로 향하게 하자 핵무기를 보유한 양대 강국이 정면 충돌할 일촉즉발의 상황에 봉착했다. 전 세계가 핵전쟁의 위기 속에서 공포에 떨어야만 했다. 결국 막판에 소련이 한 발 물러나 소련 선단의 회항을 결정함으로써 전쟁의 위협에서 벗어났다. 소련은 미국이 쿠바를 무력 침공하지 않는 조건으로 쿠바에서 미사일 기지를 철수시켰다. 이 사건은 뉴질랜드의 영화감독 로저 도널드슨이 〈D-13〉이라는 제목으로 영화화하여 2001년에 개봉하여 화제가 되었다.

2008년 피델 카스트로는 쿠바 국가평의회 의장을 동생 라울 카스트로에게 넘겨주었다. 라울 카스트로는 이념보다는 민생을 위한 실용

주의 노선을 채택하여 시장경제체제를 도입하고 정치범을 잇달아 석방하는 등 정치개혁을 추진했다.

마침내 2014년 12월 17일 버락 오바마 미국 대통령과 라울 카스트로가 만나 양국 간의 국교 정상화를 선언하면서 54년 만에 적대적 관계를 청산하고 외교관계를 정식으로 복원하게 됐다.

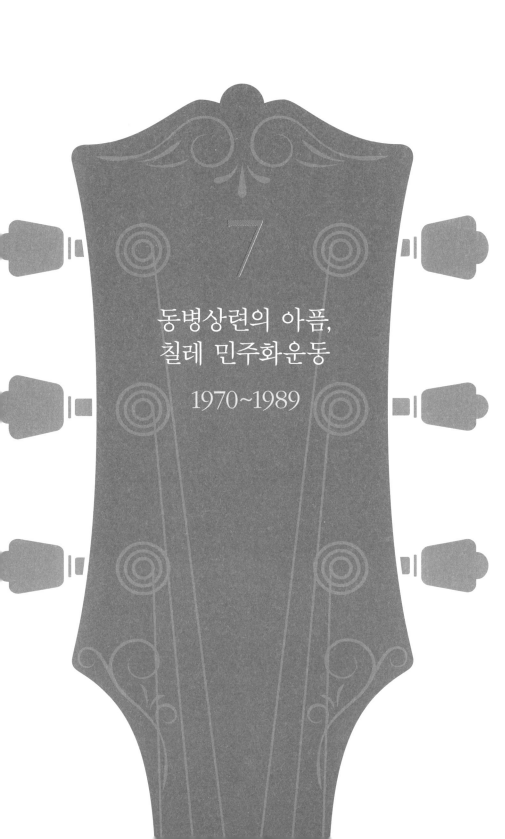

7

동병상련의 아픔,
칠레 민주화운동

1970~1989

1.
깐토 헤네랄, 모두를 위한 노래

체 게바라의 마지막 순간 그의 배낭에서는 두 권의 책이 발견되었는데 한 권은 수학책이고 다른 한 권은 네루다의 대서사시 『깐토 헤네랄Canto General』(모두를 위한 노래)이었다고 한다.

그런데 그리스 저항음악의 거장 미키스 테오도라키스는 이 시집에 실린 시를 바탕으로 앞에서 살펴보았던 오라토리오(성서나 기타 종교적·도덕적 내용의 가사를 바탕으로 만든 서사적인 대규모 악곡. 관현악이나 오르간을 반주로 하는 합창, 중창, 독창 등으로 이루어지며 무대 배경이나 연기는 없다)로 만들었다.

위대한 문학가의 작품이 위대한 음악가를 만나 불멸의 음악으로 탄생된 것이다. 이들의 운명적인 만남은 1970년 파리에서 이루어졌다. 당시 테오도라키스는 프랑스에 망명 중이었고 네루다는 칠레 주재 프랑스 대사로 있었다. 네루다를 평소 존경해왔던 테오도라키스는 그의 시를 좋아했고 네루다 역시 과거 망명생활의 아픔을 경험했었기에 그리스에서 온 스물한 살 연하의 음악가에게 동지애와 더불어 깊은 연민의 정을 느꼈다.

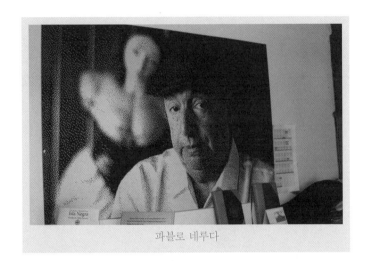

파블로 네루다

그 후 네루다는 테오도라키스를 칠레로 초청하였고 칠레를 방문한 테오도라키스는 민주주의를 갈망하는 칠레 민중의 모습을 확인하였다. 이 자리에서 네루다와 그의 시에 대한 칠레인들의 깊은 애정을 느꼈는데 살바도르 아옌데 대통령은 소장하고 있던 네루다의 시집을 가지고 와 직접 테오도라키스 앞에서 시를 낭송하였고 그 책을 테오도라키스에게 선물하기까지 하였다.

이런 모습에 큰 감동을 받은 테오도라키스는 칠레 민중을 위해 '모두를 위한 노래'를 음악으로 만들겠노라고 화답하였다. 파시즘 폭력과 군부독재에 맞서 민중의 편에 서서 민주주의와 평화, 자유와 인권을 위해 싸웠던 두 거장의 역사적인 만남은 이렇게 예술로 승화되어 세기의 노래로 탄생하였다.

테오도라키스는 1973년 망명지였던 파리에서 이 곡을 만들었고 마침내 1973년 아르헨티나 부에노스아이레스에서 첫 공연이 열렸다. 반응은 뜨거웠다. 공연이 끝난 후 객석을 가득 메운 청중은 테오도라키

스와 네루다를 목 터져라 연호했고 망명 작곡가 테오도라키스는 벅차
오르는 감격에 목이 메었다.

그러나 같은 시간, 네루다는 지병이 도져 칠레에 머물고 있었기 때
문에 아쉽게도 가슴 벅찬 감격의 순간을 함께 나누지 못하였다. 테오
도라키스는 다음 차례로 예정돼 있던 네루다의 고국인 칠레 공연에서
는 그와 함께할 수 있으리라 믿었다. 하지만 그토록 바라던 세기의 공
연은 무산되고 말았다.

1973년 9월 11일 미국의 지원을 받은 칠레 군부의 핵심 인물인 피
노체트가 쿠데타를 일으켰다. 베네수엘라에 있던 테오도라키스는 칠
레에서 쿠데타가 일어났으며 아옌데 대통령이 끝까지 대통령궁을 사
수하다 안타까운 최후를 마쳤고, 네루다마저 병상에서 그 소식을 듣
고 피눈물을 흘리다가 병세가 악화돼 타계했다는 안타까운 이야기를
들었다.

여전히 망명 중인 테오도라키스는 그리스의 군부독재가 종식되자
귀국길에 올랐다. 1975년 꿈에 그리던 조국에서의 공연을 하게 됐을
때, '모두를 위한 노래'에는 네루다의 시집에 없는 곡 하나가 추가됐다.
바로 「네루다를 위한 진혼곡Neruda Requiem Eternam」이었다.

한편 1990년 오랜 군부독재 아래서 신음하던 칠레에도 민선 정부가
들어섰다. 그리고 칠레 초연 계획이 무산된 지 꼭 20년 만인 1993년에
비로소 칠레 공연이 이루어져 칠레 민중들과의 오랜 약속이 지켜지게
되었다.

네루다 탄생 100주년이던 2004년 테오도라키스는 스페인에서 팔순
의 몸을 이끌고 다시금 「모두를 위한 노래」를 지휘했다. 마지막 남은
생애 잊지 못할 혁명 시인의 탄신을 축원하고 시인의 영혼을 기리기

위해 작곡가가 직접 무대에 선 것이다. 여기에는 마리아 파란투리를 비롯해 1975년 그리스 공연의 주요 멤버들이 모두 참여했다.

우리나라에서도 「모두를 위한 노래」 앨범이 소개되었다. 1981년 뮌헨 올림픽 홀에서 테오도라키스가 직접 지휘하고, 스톡홀름 오케스트라 연주에 맞춰 마리아 파란투리와 페트로스 판디스가 성 야곱 합창단과 함께 노래한 공연 실황을 담은 것이 현재 알려진 공식 앨범이다. 2개의 CD로 된 「모두를 위한 노래」 음반은 네루다의 시 12편에 곡을 붙인 음악과 테오도라키스가 네루다에게 바치는 레퀴엠 한 편이 함께 담겨 있다.

> 그대는 나에게 낯선 사람들에 대한 형제애를 주었다.
> 그대는 나에게 살아 있는 모든 이들의 힘을 보태주었다.
> 그대는 마치 새롭게 탄생하듯 나에게 조국을 돌려주었다.
> 그대는 나에게 외로운 사람들이 가지지 못한 자유를 주었다.
> 그대는 나에게 친절이 불처럼 타오르게 하는 법을 가르쳐주었다.
> 그대는 나에게 나무에게 필요한 올곧음을 주었다.
> 그대는 나에게 사람들의 일치와 차이를 분별하도록 가르쳐주었다.
> 그대는 나에게 한 존재의 고통이
> 모두의 승리 안에서 어떻게 사라졌는가를 보여주었다.
> 그대는 나에게 형제들의 딱딱한 침대에서
> 잠자는 법을 가르쳐주었다.
> 그대는 나에게 반석 위에 둣 현실 위에 집 짓게 했다.
> 그대는 나를 극악한 무리의 적이요
> 광분한 자들의 성벽으로 만들었다.

그대는 나에게 세계의 명료함과 환희의 가능성을 보여주었다.

그대와 함께라면 나는 나 혼자로 끝나지 않으니

그대는 나를 불멸의 존재로 만들었다.

파블로 네루다, 「나의 당에게」

CD 1

Algunas Bestlas(몇몇 짐승들)

Voy A Vivir(나는 살리라)

Los Libertadores(해방자들)

A Mi Partido(나의 당에게)

Lautaro(라우따로)

Vienen Los Pajaros(새들이 온다)

CD 2

Sandino(산디노)

Neruda Requiem Eternam(네루다를 위한 진혼곡)

United Fruit Co.(유나이티드 푸르츠 사)

Vegetaciones(식물)

Amor America(사랑하는 아메리카)

Emiliano Zapata(에밀리아노 사빠따에게)

America Insurecta(반란의 아메리카)

2.
예술과 문학으로 꽃핀
칠레 민주화운동

영화 〈일 포스티노〉

〈일 포스티노〉란 영화가 있다. 이 영화는 1994년 이탈리아에서 제
작되었는데 비영어권 영화로서는 드물게 아카데미 최우수작품상 후
보로 선정되었다. 이탈리아의 국민배우이자 감독인 마시모 트로이시
가 주인공 마리오 역을 맡았는데 영화 촬영 당시 그는 심장병을 앓고
있었다.

촬영 후반부엔 너무 쇠약해져 제작진이 촬영 중단을 권유했지만 영
화에 대한 그의 열정을 잠재우진 못했다. 결국 촬영이 끝난 며칠 뒤인
1994년 6월 14일 영화의 주인공처럼 그는 세상을 떠났다. 이 영화의
주제곡은 1996년 아카데미 최우수음악상을 받았고 국내에서도 CF 등
을 통해 널리 알려졌다.

영화는 칠레의 민중시인 파블로 네루다가 본국에서 추방당하자 이
탈리아 정부가 지중해의 작고 아름다운 섬인 카프리에 그의 거처를
마련해주어 네루다가 이 섬에 오게 되는 장면에서 시작한다. 그에게

일 포스티노

전 세계에서 격려와 존경의 편지가 날아들자 섬의 우체국장은 어부의
아들 마리오를 네루다만을 위한 일 포스티노Il Postino(우체부)로 고용
한다.

　순박하고 시가 뭔지도 모르는 시골 청년 마리오는 네루다의 우편물
을 배달하며 점차 시에 관심을 가지게 된다. 두 사람 사이에 시를 통
해 끈끈한 관계가 싹튼다. 그러던 중 여관집 주인의 딸 베아트리체를
사랑하게 된 마리오는 자신의 마음을 시를 통해 표현하고자 네루다에
게 도움을 청한다.

네루다는 그와 함께 바닷가를 산책하며 대상을 직접 경험해보는 것이 시를 가장 잘 이해하고 잘 쓸 수 있는 길이라는 가르침을 준다. 네루다와 함께 시간을 보내며 순수한 청년 마리오가 쓴 시는 베아트리체의 마음을 울리고 마리오는 비로소 시의 진정한 의미를 알게 된다. 마침내 베아트리체와 결혼을 하고…… 세월은 흘러 칠레에 민주주의가 복원되고 네루다는 귀국을 한다.

네루다를 잊지 못하던 마리오는 좌파가 개최한 군중집회에 참가한다. 여기서 마리오는 단상에 올라 시를 낭독하게 되는데 갑자기 나타난 진압 경찰들로 집회장은 아수라장이 되고, 마리오는 쓰러지고 만다.

오랜 시간이 흐른 후, 섬을 다시 찾은 네루다는 이미 세상을 뜬 마리오를 대신하여 그가 녹음한 낭송시를 들으며 아련한 회상에 잠긴다.

칠레의 시인 파블로 네루다를 좀 더 알고 싶어 그의 자서전 『사랑하고 노래하고 투쟁하라』를 찾았다. 그리고 나는 이 책을 통해 지구 반대쪽 태평양과 남아메리카의 안데스 산맥 사이에 남북으로 긴 영토를 가진 나라 칠레에 대해 동병상련의 마음을 갖게 되었다. 그리스와 마찬가지로 칠레도 우리와 같은 아픈 현대사를 품고 있었음을 다시금 알게 되었고 '빅토르 하라', '살바도르 아옌데' 같은 인물도 새롭게 만났다.

파블로 네루다는 1971년 노벨문학상을 수상한 시인으로 유명한데, 칠레인들에게는 민중과 함께 조국의 변혁을 위해 살다 간 민중시인으로 사랑과 존경을 받고 있는 칠레의 자랑이다.

그는 칠레 파랄에서 1904년 7월 12일 당시 자갈 기차 기관사였던 아버지와 초등학교 교사인 어머니 사이에서 태어났다. 그의 이름은 네프탈리 리카르도 레예스 바소알토, 어머니는 출산 직후인 8월에 사망했기에 그는 어머니의 얼굴조차 알지 못했다. 다행히도 새어머니는 성품이 온화한 여인으로 어린 네루다를 애정으로 잘 보살폈다.

1915년 6월 3일, 그런 새어머니를 위한 감사의 마음이 담긴 헌정시를 지었는데 그것이 생애 처음으로 쓴 시였다. 이후 그는 문학에 대한 열정으로 나날을 보냈지만 아버지는 아들이 시인이 되는 것을 원치 않아 그의 시작 노트를 불태워버렸다. 아버지의 이러한 강압 때문에 그는 파블로 네루다란 필명을 사용하게 되었으며 1946년에는 아예 법적으로 개명을 하였다.

1921년 산티아고의 사범대학 불어교육과에 입학한 네루다는 본격적인 창작활동에 전념한다. 1924년 그에게 라틴아메리카 최고 시인이란 찬사를 안겨준 시집 『스무 편의 사랑의 시와 한 편의 절망의 노래』를 출간했을 때 그는 불과 열아홉 살이었다.

초창기 낭만적인 사랑의 시로 사랑받던 그가 투쟁과 저항의 시를 쓰게 된 것은 페데리코 가르시아 로르카의 죽음 때문이었다. 로르카는 세르반테스 이후 20세기 스페인 최고의 시인이자 극작가로 꼽힌다. 네루다는 1933년 부에노스아이레스 주재 칠레 영사로 발령받았는데 그곳에서 처음 로르카와 만나 친구가 되었으며 이후 자신의 시를 스페인과 유럽 전역에 알리는 데 힘쓴 로르카와 영적 교감을 하게 된다.

1934년 12월 6일에 마드리드에서 있었던 유명한 강연에서 로르카는 네루다를 "철학보다 죽음에 더 가깝고, 지성보다 고통에 더 가까우며, 잉크보다 피에 더 가까운" 가장 위대한 라틴아메리카 시인의 한 사람이라고 소개했다.

1936년 7월 스페인 내전이 발발하자 고향인 마드리드로 돌아온 로르카는 1936년 7월 19일 밤 네루다와 프리세 경기장에서 프로 레슬링을 관람하기로 약속했는데 그 자리에 나오지 않았다.

네루다가 경기장 앞에서 기다리던 그 시간, 가르시아 로르카는 스페인의 프랑코가 이끄는 군부세력에게 살해당했기 때문에 나올 수가 없었던 것이다. 이 사건은 네루다가 스페인 내전에 국제의용군으로 참전하는 동시에 공산당에 입당하는 계기가 되었다.

1945년 3월 4일 초석 광산 노동자들의 전폭적인 지지를 받아 상원의원에 당선되면서 네루다의 본격적인 정치 행보가 시작된다.

불모의 땅으로 알려졌던 아타카마 사막은 19세기에 화약과 비료의 원료인 초석이 풍부하다는 사실이 알려지면서 강대국들의 각축장이 되었다. 아타카마는 원래 볼리비아와 페루의 땅이었지만, 광산을 개발한 것은 칠레 사람들이었다. 초석이 돈이 되자 볼리비아가 국유화를 선언하고 페루가 볼리비아를 지원하면서 1879년 칠레와 전쟁이 벌어졌고 마침내 칠레의 승리로 끝나 아타카마의 주인이 바뀌게 되었다.

이후 초석 광산은 당시 최강대국이었던 영국인들이 50% 이상 독점하였고, 나머지는 독일과 소수의 칠레 자본가들이 차지하였다. 1차 세계대전 후부터는 미국이 칠레 구리 광산을 소유하기 시작하였다. 이처럼 해외 자본에 잠식되어 칠레의 광산 노동자들의 삶은 비참하기 짝이 없었다.

1945년 7월 15일 그는 칠레 공산당에 입당했다. 그는 자서전에서 "파시스트들이 마드리드 밤거리에서 준동하고 있을 때 오로지 공산주의자들만이 세력을 조직하고 군대를 창설하여 이탈리아인, 독일인, 무어인, 팔랑헤 당원들과 대적했다. 이와 동시에 공산주의자들은 반파시즘 투쟁과 저항을 지탱해주는 정신적 힘이었다"라며, 자신이 공산주의 자가 된 이유를 밝혔다.

그를 인터뷰한 이탈리아 소설가 쿠르치오 말라 파르테는 그의 공산당 입당을 두고 "나는 공산주의자가 아니다. 하지만 내가 칠레 시인이라면 네루다처럼 공산주의자가 되었을 것이다. 이곳에는 캐딜락을 타고 다니는 사람들 편을 들든지 아니면 교육도 받지 못하고 신발도 없는 사람들 편을 들든지 둘 중 하나를 선택해야 한다"라고 이야기했다.

1946년 당시 칠레의 경제는 구리와 초석 수요의 급감으로 실업이 증가하고 파업이 확산되는 등 매우 어려운 상황에 처해 있었다. 이러한 상황에서 민중의 편에서 정의를 주장한 가브리엘 곤살레스 비델라의 당선을 위해 네루다는 선거운동에 동참했고, 결국 비델라는 국민의 전폭적인 지지를 받아 대통령에 당선되었다.

그러나 대통령에 취임한 곤살레스 비델라는 태도를 바꿔 공산당과 체결한 협약을 파기하고 공산당을 불법화하여 네루다를 포함한 수많은 공산당원들을 탄압했다. 이로 인해 약 5만 명에 달하는 공산당원들이 박해를 피해 지하로 숨어야 했다. 이에 네루다는 1948년 1월 6일 상원에서 대통령을 탄핵하는 내용의 의회 연설문 「나는 고발한다」를 발표하여 비델라를 격렬히 규탄했다.

이를 빌미로 대법원은 네루다의 상원의원 면책특권을 박탈하고, 2월 5일 국가원수 모독죄로 체포영장을 발급한다. 마침내 2월 24일 한밤중에 말을 타고 안데스 산맥을 넘어 아르헨티나로 탈출한 네루다는 파리, 폴란드 등 전 세계를 떠도는 고난의 시절을 맞이하게 된다. 그러나 이 시기에 아메리카 대륙에서 가장 위대한 서사시 가운데 하나인

「모두를 위한 노래Canto General」가 탄생했다.

1951년 이탈리아 전역을 순회하면서 로마, 밀라노, 제노바 등지에서 시 낭송회와 강연회를 개최하였다. 같은 해 5월 모스크바 방문하여 시베리아 횡단 열차를 타고 몽골을 거쳐 베이징에 도착하는 등 왕성한 활동을 펼쳤으며 이 시기에 불가리아, 헝가리, 아일랜드, 베트남, 터키, 일본, 한국에서 시집을 출판했다.

네루다는 우리나라 문학계에도 적지 않은 영향을 끼쳤다. 네루다가 1951년 베이징의 아시아 문학 좌담회에 참가했을 때 동갑내기 월북 작가 이태준이 그를 만났다. 또 시인 김수영은 1969년 『창작과 비평』에 「다문 입으로 파리가 들어온다」, 「유성」, 「고양이의 꿈」 등 네루다의 시 9편을 번역해 실었다. 민중 시인 김남주는 1979년 남민전 사건으로 투옥되었을 때 감옥에서 네루다의 시를 틈틈이 번역하여 출감 후 『아침저녁으로 읽기 위하여』(1988)라는 시집을 내었다.

2004년 네루다 탄생 100주년을 기념해 칠레 정부가 전 세계 문인 및 문화인 100명을 선정하여 기념 메달을 수여하였는데, 시인 정현종도 네루다의 시를 국내에 널리 알리는 데 기여한 것이 인정되어 이때 미키스 테오도라키스 등과 나란히 메달을 받았다.

1952년 좌익 작가와 정치인에 대한 검거령이 철회되자 그는 망명생활을 마치고 귀국했다. 1969년 7월 3일 칠레 공산당은 네루다를 대통령 후보로 지명했으나, 이듬해 그는 야권 분열을 막기 위해 살바도르 아옌데를 민중연합 단일 후보로 추대하고 후보에서 사퇴한다. 1970년 9월 4일 살바도르 아옌데가 대통령에 당선되면서, 네루다는 파리 주재 칠레 대사로 임명된다.

아옌데 정권은 세계 최초로 선거를 통해 집권한 사회주의 정부로 대부분의 라틴아메리카 지성인들은 1960년 쿠바혁명과 더불어 아옌데 정권의 등장에서 서구의 제국주의적 지배와 간섭으로부터 라틴아메리카가 벗어날 수 있는 가능성을 보고 적극적으로 지원하게 된다. 그러나 남미에서 공산 정권이 확산되는 것을 우려한 미국은 경제봉쇄 등 모든 수단과 방법을 동원하여 아옌데 정권의 붕괴를 시도했다.

한편, 세계 최고의 시인으로 추앙 받으면서 노벨문학상 후보에 여러 번 올랐던 네루다는 1971년 10월 21일 노벨문학상 수상자로 선정되었다. 이후 암으로 두 차례 수술을 받고 1973년에는 대사직을 사임했다. 이슬라네그라Isla Negra에서 요양하던 그에게 운명의 시간이 다가왔다. 9월 11일 미국의 사주와 지원을 받은 피노체트 장군이 일으킨 군사 쿠데타로 대통령궁이 점령당하고 살바도르 아옌데 대통령이 피살된 것이다.

쿠데타 발발 일주일 후 네루다의 건강이 갑자기 악화되었다. 병상에서 쿠데타 소식을 전해 들은 그는 슬픔에 젖어 아내 마틸데에게 말했다.

"그자들이 사람을 죽이고 있어. 산산조각이 난 시신들을 건네주고 있다고. 노래하던 빅토르 하라에게 무슨 일이 있었는지 당신 몰랐어? 그자들이 하라의 몸도 갈기갈기 찢어놓았어. 기타를 치던 두 손을 다 뭉개놓았대."

1973년 9월 23일 10시 30분 네루다는 세상을 떠났다. 집회의 자유가 인정되지 않는 상황인데도 불구하고 사람들은 그의 장례식에 하나둘 모여들었고, 그의 장례식은 쿠데타 이후 최초의 군중집회가 되었다.

파블로 네루다 동지는 지금도, 앞으로도, 영원히 살아 있을 것이다!

살바도르 아옌데 동지는 지금도 영원히 살아 있을 것이다!

빅토르 하라 동지는 영원히 살아 있을 것이다!

사람들은 연호와 함성으로 함께했고 그 함성은 이내 「인터내셔널가」를 합창하는 소리로 이어졌다.

칠레의 저항가수 빅토르 하라

빅토르 하라

빅토르 하라는 1935년 칠레의 수도 산티아고 인근의 롱켄에서 소작농인 아버지와 인디오 혈통의 어머니 사이에서 태어났다. 아버지는 술주정뱅이였지만 그의 어머니는 마을 잔치가 있을 때면 노래를 불러달라는 초청을 받을 정도로 노래 실력이 출중했다.

그녀는 고된 일을 마치고도 종종 옥수수 더미에 올라앉아서 기타를 치며 노래를 부르거나 어린 빅토르의 머리맡에서 자장가로 칠레의 민요를 불러주었다. 또 가난한 살림에 한 푼이라도 보태기 위해 하숙을 쳤는데 이때 빅토르는 하숙하던 마을 학교의 젊은 선생에게 기타를 배우게 되었다. 이러한 두 사람의 음악적 영향은 훗날 그가 민중가수로 활동할 수 있는 밑거름이 되었다.

1954년 말부터 빅토르는 칠레의 북부지방으로 당시 명맥이 끊어져 가는 전통 민요 채집활동에 나서며 안데스 민속음악에 대한 애정을 키웠다. 그 과정에서 그는 칠레의 가난한 농민과 노동자들을 만나면서 사회의 모순과 그들의 고단한 삶의 현실에 눈을 뜨게 되었다.

1955년 칠레 유일의 연극학교였던 국립 칠레대학 부설 연극학교에 입학했다. 학생운동에 참여했던 빅토르는 1957년 산티아고의 거리 카페 상파울로에서 비올레타 파라를 만났다.

비올레타 파라는 칠레 민속음악 채집의 선구자로 활동하면서 파리에서 「칠레의 노래Cantos de Chile」라는 음반을 내고 인류박물관과 유네스코에 칠레의 소리를 기록으로 남겼다(하지만 그녀는 가난과 외로움을 이기지 못하고 권총자살로 생을 마감하고 만다).

빅토르는 칠레대학 연극과 교수가 되어 안데스 민속음악을 복원하는 작업과 더불어 연극 연출가로서도 명성을 떨쳤다. 1969년 칠레 산티아고에서 개최한 1회 누에바 칸시온 페스티벌에서 자작곡 「La Plegara a un laborador」(한 노동자에게 바치는 기도)를 불러 우승한다.

우리말로 '새 노래' 혹은 '새로운 노래 운동' 등으로 번역할 수 있는 누에바 칸시온Nueva Cancion은 라틴아메리카의 정서를 담은 민속음악으로 아르헨티나의 시인이자 음악인인 아타왈파 유팡키Atahualpa Yupanqui가 1940년대부터 민속자료의 수집과 연구를 시작한 것에서 비롯되었다고 한다.

빅토르는 라틴아메리카 노래 운동의 상징인 누에바 칸시온 운동을 벌여나가고, 그 와중에 미국을 등에 업은 자본가들과 군부에 대항하는 인민연합 후보인 살바도르 아옌데의 대통령 선거를 위해 유세에 참여한다.

1970년 9월 4일 대통령 선거에서 아옌데가 대통령으로 당선되자, 빅토르는 가난한 민중들의 처우 개선을 위한 실천 운동과 더불어 아옌데 정부를 전복시키려는 미국과 자본가 세력에 저항하는 노래를 불렀다.

1973년 9월 11일 피노체트 군부 세력의 쿠데타가 일어난 지 3일째인 9월 14일 아옌데의 지지자들과 함께 빅토르는 공과대학 체육관에서 국립경기장으로 이송되기 직전 마지막 시를 쓰기 시작하였다.

> 여기 우리 5천 명이 모여 있다
> 도시의 이 작은 부분 속에.
> 우리는 5천 명.
> 시내의 다른 데와 전국을 다 합치면
> 우리는 몇 명이나 될까?
> 여기만 해도
> 씨를 뿌리고 공장을 돌리는
> 만 개나 되는 손이 모여 있는데,
> 얼마나 많은 인간들이
> 굶주림과 추위, 공포와 고통,
> 정신적 학대와 폭력과 광기에
> 희생되고 있는 것일까?
> 우리들 가운데 여섯 명은
> 별이 빛나는 우주 속으로 사라져버렸다.
> 한 사람은 죽고 또 한 사람은

인간이 그렇게 맞을 수 없으리라고 상상했던 그런 방법으로 얻어맞고

나머지는 스스로 자신의 공포를 끝내려 했다.

한 명은 허공으로 뛰어내리고

모든 사람이 죽음을 응시하고 있다.

파시즘의 얼굴들이 자아내는 공포를 보라!

저들은 계획을 칼날같이 수행해나간다.

저들에게는 아무것도 문제 될 게 없다.

저들에게는 피가 훈장이다.

도살이 영웅적인 행동이다.

오, 신이여, 이것이 당신이 만든 세상입니까?

7일 동안 기적과 권능으로 일하신 결과입니까?

이곳 네 개의 벽 속에는 오직 숫자만이 존재하고

그것은 더 늘어나지 않네.

모두 천천히 죽음만을 더 원하게 되네.

그러나 갑자기 내 양심은 깨어난다.

그리고 이곳에는 심장의 박동이 없으며

오직 기계의 고동만이 있다는 것을 본다.

군대는 땀으로 뒤덮인 산파의 얼굴을 보여준다.

멕시코여, 쿠바여 그리고 온 세계여

이 잔학 행위에 맞서서 절규하라!

우리는 1만 개의 손들

이제는 아무것도 생산할 수 없는 손들.

이 나라 전체에는 얼마나 될까?

우리의 동지, 우리의 대통령이 흘린 피는

폭탄이나 기관총보다 더 강하게 그들을 치리라!

우리들의 주먹도 그처럼 다시 치리라!

노래하기란 얼마나 어려운 일인가

공포를 노래해야 할 때에는.

내가 살아 있다는 공포

내가 죽어 간다는 공포.

내가 이 많은 사람들 속에 있다는 것

그처럼 무한대의 순간 속에

침묵과 비명만이 담겨 있는 것이

내 노래의 끝이다.

내가 보는 것은, 한 번도 본 적이 없는 것,

내가 느꼈고, 지금 느끼고 있는 것들이

그 순간의 탄생이리라…….

수용소로 개조된 경기장인 '에스타디오 칠레'에 끌려온 대중 앞에서 나흘 동안 모진 고문을 당한 빅토르를 향해 쿠데타군 장교는 비웃 듯이 "노래를 할 수 있거든 노래를 해보란 말이야. 이 자식아!"라고 윽박질렀고 이에 빅토르는 나지막한 목소리로 인민연합 찬가 「벤세레모스Venceremos」(우리 승리하리라)를 부르기 시작했다.

공포의 정적 속에서 신음처럼 흘러나오는 빅토르의 목소리가 이내 합창으로 이어지자 곧 군인들의 발길질이 날아들었으며 기타를 치던 그의 두 손목은 소총 개머리판으로 짓이겨졌다.

마지막 순간까지 일어서서 노래를 부르려 했던 그의 등에 기관총 사격이 퍼부어졌다. 자유와 정의, 조국과 민중을 사랑했던 민중가수 빅토르는 그렇게 생을 마감했다. 죽기 직전에 쓴 빅토르의 마지막 시는 훗날 그의 아내 조앤 하라에게 전해졌다.

Venceremos(우리 승리하리라)

끌라우디우스 이뚜라 작사, 세르히오 오르떼가 작곡

조국의 깊은 시련으로부터
민중의 외침이 일어나네.
이미 새로운 여명이 밝아와
모든 칠레가 노래 부르기 시작하네.
불멸케 하는 모범을 보여준
한 용맹한 군인을 기억하며
우리는 죽음에 맞서
결코 조국을 저버리지 않으리.

후렴
우리는 승리하리라, 우리는 승리하리라
수많은 사슬은 끊어지고
우리는 승리하리라, 우리는 승리하리라
우리는 비극을 이겨내리라

농부들, 군인들, 광부들
그리고 이 땅의 모든 여성과

학생, 노동자들이여
우리는 반드시 이룩할 것이다
영광의 땅에 씨를 뿌리자
사회주의의 미래가 열린다.
모두 함께 역사를 만들어가자
이룩하자, 이룩하자, 이룩하자.

후렴
우리는 승리하리라, 우리는 승리하리라
수많은 사슬은 끊어지고,
우리는 승리하리라, 우리는 승리하리라
우리는 파시즘의 비극을 이겨내리라

3.
칠레 현대사를 찾아서

〈산티아고에는 비가 내린다〉와 〈화려한 휴가〉의 공통점은?

그렇다. 둘 다 영화 제목이다. 그리고 군부 쿠데타의 비밀 작전명이기도 하다. '화려한 휴가'가 우리나라의 1980년 광주 민중들을 짓밟은 신군부에 의한 작전명이라면 '산티아고에는 비가 내린다'는 1973년 9월 11일에 일어난 칠레의 군부 쿠데타의 작전 암호였던 것이다.

이날의 상황을 칠레에서 망명한 헬비오 소토Helvio Soto 감독이 1975년 다큐멘터리 구성을 빌려 〈산티아고에는 비가 내린다Il Pleut Sur Santiago〉란 제목으로 프랑스와 불가리아와의 합작 영화로 만들었다.

영화에서 그날 칠레 수도 산티아고의 라디오에서는 날씨가 화창했음에도 불구하고 계속해서 '산티아고에는 비가 내린다'라는 방송을 하였다. 이에 맞춰 탱크를 앞세워 대통령궁(모네다궁)으로 쳐들어가는 쿠데타군과 이에 맞서 싸우는 아옌데 대통령과 인민연합 지지자들, 마침내 정오 무렵 비행기 폭격으로 대통령궁이 파괴되고 영화 〈화려한 휴가〉의 광주도청 진압작전처럼 대통령궁에 남은 아옌데와 지지자들은 하나둘 처참히 사살된다.

이어서 인민연합의 열렬한 지지자들이 곳곳에서 체포되어 '에스타디오 칠레'로 끌려간다. 이내 고통스러운 비명과 총성이 난무하는 생지옥으로 변해버린 에스타디오 칠레. 공포와 탄식, 분노로 얼룩진 수많은 사람들의 얼굴, 마침내 참지 못하고 관중석에서 뛰쳐나오는 사람을 향해 난사되는 기관총, 그 광기와 공포 속에서 민중가수 빅토르 하라가 '우리 승리하리라'라는 합창을 유도하다가 집단 구타로 기타 치는 두 손목이 으스러지고 온몸에 피와 멍이 들어 죽는 모습들이 다시 재현되었다.

칠레에는 1970년 9월 4일 살바도르 아옌데가 대통령에 당선되면서 선거로 선출된 세계 최초의 사회주의 정부가 들어섰다. 당시 선거 결과는 집권여당인 기독교 민주당 후보 로도미로 토미치가 27.8%, 극우파 진영인 국민당 후보 호르헤 알렉산드리가 35%, 재야의 인민통합전선의 지지를 받은 사회당 후보 살바도르 아옌데가 36.2%의 지지를

살바도르 아옌데

받았다. 높지 않은 지지율로 당선되어 63%의 보수층을 통치해야 했기에 아옌데의 지지 기반은 매우 취약했다.

아옌데는 외국 투자 기업을 국유화하고 외채 상환을 보류하겠다고 선언했다. 당시 칠레의 가장 중요한 자원은 구리 광산이었다. 그러나 구리 광산은 대부분 미국 등 외국 자본이나 칠레 내 우익 자본가들이 소유했기에 구리 광산 국유화를 선언하고 국민에게 돌려주겠다는 아

엔데의 경제정책은 미국과 칠레 내 기득권층의 반발을 불러일으켰다.

당장 미국은 국유화된 미국 자본에 대한 보상 요구, 칠레산 구리 수입 금지 조치, 구리와 구리광석의 국제 시세 폭락 공작 등 각종 제재 조치를 취하면서 아엔데 정부를 압박하기 시작했다. 이에 미국 CIA의 직간접적 지원을 받은 우익 보수 정당과 자본가들도 대통령 탄핵 기도, 각종 법안 저지, 물류 독점 기업의 화물차 수송 거부 활동과 암살, 테러 등 각종 폭력 사태를 자행하여 사회 혼란을 조장하고 이를 바탕으로 아엔데 정부의 전복을 꾀했다.

그럼에도 불구하고 아엔데가 이끄는 사회당 정부는 칠레 민중의 열렬한 지지를 받았다. 하지만 계속되는 자본가 보수 세력의 충동질로 정국이 극도로 혼란스러워지자 그는 다시 국민의 신임을 묻는 중간투표를 결심하고 국민투표에서 지면 사임하겠다는 각오를 군부에게 밝혔다.

그런데 그 상황조차 승산이 없다고 판단한 군부는 아무것도 기다리지 않고 쿠데타를 일으켰다. 1973년 9월 11일, 피노체트 사령관이 이끄는 칠레 군부의 쿠데타가 일어났다는 전화를 받은 아엔데는 피신하지 않고 대통령궁으로 출근을 감행한다.

그는 무조건 항복을 하면 비행기를 내어주고 망명을 허락하겠다는 쿠데타군의 제안을 단호히 거절하고 이들에게 아직 점령당하지 않은 국영방송 라디오와 전화를 연결하여 마지막 대국민 성명을 발표하였다.

이번이 제가 여러분에게 말하는 마지막이 될 것입니다. 곧 마가야네스 라디오도 침묵하게 될 것입니다. 그리고 여러분에게 용기를 주고자 했던 나의 목소리도 닿지 않을 것입니다. 그것은 중요하지 않습니다. 여러분은 계속 들을 수 있기 때문입니다.

나는 항상 여러분과 함께할 것입니다. 적어도 나에 대한 기억은 이 나라에 온몸을 바쳤던 사람. 내가 이제 박해받게 될 모든 사람들을 향해 말하는 것은, 여러분에게 내가 물러서지 않을 것임을 이야기하기 위한 것입니다.

나는 민중의 충실한 마음에 대해 내 생명으로 보답할 것입니다. 나는 언제나 여러분과 함께 있을 것입니다. 나는 우리나라의 운명과 그 운명에 믿음을 가지고 있습니다. 또 다른 사람들이 승리를 거둘 것이고, 곧 가로수 길들이 다시 개방되어 시민들이 걸어 다니게 될 것이고, 그리하여 보다 나은 사회가 건설될 것입니다.

칠레 만세! 민중 만세! 노동자 만세! 이것이 나의 마지막 말입니다. 나의 희생을 극복해내리라 믿습니다. 머지않아 자유를 사랑하는 사람들이 보다 나은 사회를 향해 위대한 길을 열 것이라고 여러분과 함께 믿습니다.

그들은 힘으로 우리를 지배하는 것처럼 보이지만 무력이나 범죄 행위로는 사회변혁 행위를 멈추게 할 수 없습니다. 역사는 우리의 것이며, 인민이 이루어내는 것입니다. 언젠가는 자유롭게 걷고 더 나은 사회를 건설할 역사의 큰 길을 인민의 손으로 열게 될 것입니다.

정오가 되자, 쿠데타군의 공군 전폭기에서 대통령궁으로 폭탄이 투하되었고 탱크를 앞세운 쿠데타군이 진격했다. 아옌데는 최후의 순간까지 기관단총을 들고 싸우다 죽었다(군부는 자살이라고 발표했다).

피노체트는 군사 쿠데타로 집권한 후 군사평의회 의장에 취임했고 1974년 12월 대통령 자리에 올랐다. 1980년 9월 국민투표로 장기 집권을 노린 신헌법을 통과시켜 1981년 3월 신헌법에 의한 초대 대통령으로 취임한 이후 17년간 권좌에서 내려오지 않았다. 그가 통치하는 동안 사망자 3,200여 명, 실종 1,200여 명, 고문 피해자 10만 명, 국외

피노체트

추방 100만 명에 이르는 것으로 알려졌다.

철권을 휘둘렀던 피노체트는 1988년 10월 대통령 집권 연장에 대한 찬반을 묻는 국민투표에서 패배하며 쇠락의 길을 걷기 시작했다. 1989년 12월 대선에서 파트리시오 아일윈 후보가 당선되면서 피노체트의 장기 독재는 막을 내리게 되었다. 이후 그는 런던에서 도피하여 요양을 하던 1998년 10월, 영국 사법 당국에 의해 체포되었다.

피노체트 독재정권이 저지른 만행에는 에스파냐 사람에 대한 납치 사건 80건도 포함되어 있었고, 그 때문에 에스파냐 정부가 국제 수배령을 내렸기 때문이었다. 이후 그는 2000년 3월 건강상의 이유로 석방되어 칠레로 귀국했다. 칠레 사법부는 그를 약 300여 건의 국가범죄로 기소했으나 2006년 갑작스러운 사망으로 사법적인 처벌은 행해지지 못했다.

한편, 쿠데타가 일어난 지 25년이 지난 1998년 기밀 해제된 미국 CIA 비밀문서에 의하면 칠레 쿠데타를 주도한 것은 미국의 닉슨 대통령이란 사실이 밝혀졌다. 닉슨 대통령이 당시 CIA 국장 리처드 헬름스

를 통해 칠레 쿠데타에 1,000만 달러를 지원했다는 사실을 공식적으로 로 인정한 것이다.

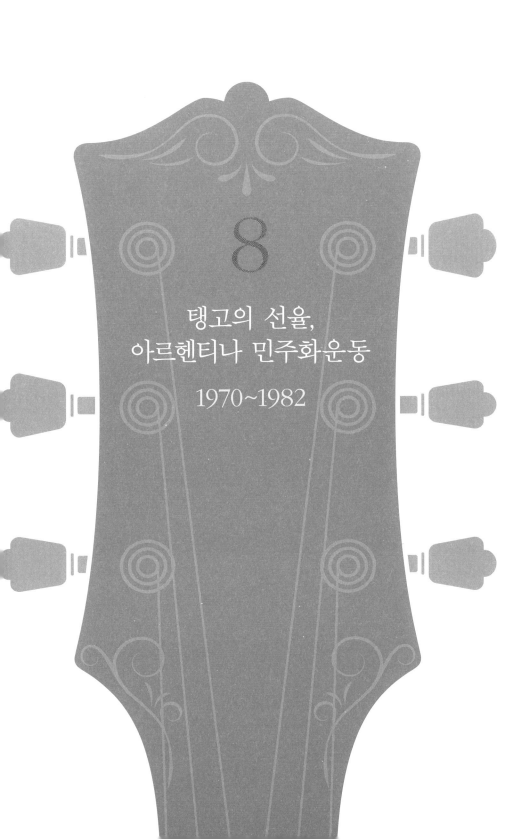

8

탱고의 선율,
아르헨티나 민주화운동

1970~1982

1.
삶에 감사하며, 메르세데스 소사

검은 여인La Negra.

인디오의 민속음악을 세계에 널리 알린 월드뮤직의 거장.

'누에바 칸시온'의 기수.

핍박당하고 고난 받는 이들을 노래로 달래준 민중의 어머니.

이 말들은 단 한 사람, 아르헨티나의 국민가수 메르세데스 소사 Mercedes Sosa를 가리키는 말이다.

우리와 같이 혹독한 군부독재를 경험했던 전 세계의 민중들에게 양심과 정의, 희망의 상징이었던 소사는 1935년 7월 5일 아르헨티나 북서부의 투쿠만 산 미구엘이라는 인디오 마을에서 태어났다.

그녀는 그곳에서 전통 민속음악을 들으며 어린 시절을 보냈다. 15살이 되던 해에 투쿠만의 지방 방송국이 주최한 노래 콘테스트에 참가해 우승하면서 가수의 길을 걷게 된다.

소사는 첫 남편이자 동료 음악가인 마투스를 만나면서 그의 고향 멘도사에 정착해서 많은 음악인, 예술인들과 교류하였다. 초기에는 주

메르세데스 소사

로 자연의 아름다움과 사랑과 낭만을 노래했던 그녀는 1963년 당시 아르헨티나에 불고 있던 누에바 칸시온Nueva Cancion(새로운 노래) 운동의 영향을 받아 인권과 민주주의, 노동자와 농민의 권리 등을 노래하기 시작했다.

당시 아르헨티나는 후안 페론이 사망한 뒤 1976년 초 군사 쿠데타를 통해 수립된 비델라 정부에서 군사독재가 종식되는 1983년까지 군부의 공포정치가 이어졌다. 공권력에 의한 고문과 납치, 실종 사건이 난무하는 고통스러운 현실에 맞서 언제나 민중과 함께하며 억압된 자유를 노래하고 독재와 폭력에 저항하는 그녀의 노래는 계속되었다.

자연스레 그녀의 노래는 금지곡으로 묶였으며 이후 라디오나 TV에서 들을 수 없게 되었다. 뿐만 아니라 자신의 신변마저도 위협을 받는 상황에서도 그녀는 결코 노래를 멈추지 않았다. 결국 1975년 체포되었다가 가까스로 석방된 그녀는 테러의 위협에 시달리던 와중에 두 번째 남편마저 세상을 떠나보내고 평생 지병인 심장병까지 얻게 되었다.

체포와 석방을 반복하다가 1979년 1월 그녀는 라플라타에서 공연하던 중 관객 350여 명과 함께 다시 체포되었다. 다행히 해외 언론과 주변국들의 압력으로 풀려나긴 했으나 이는 조국 아르헨티나에서 영구 추방을 전제로 한 것이었다.

스페인과 프랑스 등에서 보낸 망명생활은 고독과 아픔의 연속이었지만 소사는 결코 좌절하지 않았다. 오히려 망명생활은 그녀 인생의 또 다른 전기가 되었다. 그녀는 존 바에즈, 밥 딜런 등과 세계를 돌며 고난 받는 이들을 위한 노래를 불렀고 이는 자신의 음악을 널리 알리는 계기가 되어 마침내 월드뮤직의 거장으로 자리매김하게 되었다.

1982년, 마침내 소사는 망명생활을 끝내고 모든 위험을 무릅쓰고 조국 아르헨티나로 돌아왔다. 그리고 2월 18일 밤 부에노스아이레스 오페라극장에서 귀국 공연의 감동적인 막이 올랐다. 멈출 줄 모르는 청중들의 우레와 같은 박수 소리가 서서히 잦아들자 그녀는 칠레의 민중가수 비올레타 파라가 자살 직전에 만든 명곡 「그라시아 아 라 비다Gracias a La Vida」(삶에 감사하며)를 열창했다.

노래를 부르다 그녀는 감격에 겨워 목이 메었고, 이를 격려하듯 터져 나오기 시작한 관객들의 박수와 함성소리에 다시 이어진 노래는 이내 흐느낌으로 관중들을 하나로 만들었으며 공연장은 눈물바다가 되었다.

이렇듯 군부독재의 시퍼런 총칼 앞에 그녀는 당당히 맞섰고 자신을 버린 나라를 위해 자신을 지켜준 민중을 위해 노래한 것이다. 그리고 결국 1983년 아르헨티나 군사정권은 몰락했다.

나는 전 세계 민중을 위해 노래해야 할 책임이 있다는 것을 압니다. 그것은 나를 지지하고 지원해주는 사람들을 위하는 것이니까요. 노래는 변합니다. 투쟁과 단결의 노래도 있고, 인간의 고통에 대해 호소하는 것도 있습니다. 제가 1982년 아르헨티나로 돌아왔을 때, 나는 무대 위에서 국민들에게 새롭게 표현해야 할 방식이 있다는 것을 알았습니다. 그것은 국민들에게 용기를 잃지 않게 해주는 것이었어요. 아르헨티나에 산다는 것이 투쟁이기 때문입니다. 아니, 라틴아메리카에 산다는 것이 그렇습니다.

2009년 10월 4일. 아르헨티나 부에노스아이레스의 한 병원에서 소사는 고질병이었던 심장병으로 인해 74살로 세상을 떠났다. 소사의 타계 소식이 전해지자 유튜브를 비롯한 각종 사이트에는 추모 글들이 올라왔으며, 아르헨티나 정부는 3일간의 국가 애도 기간을 선포함과 동시에 모든 건물에 조기를 걸도록 했다. 그것은 인생을 가장 아름답게 살아온 여인에게 바치는 무한한 존경과 애정의 표시였다.

Gracias a La Vida(삶에 감사하며)

비올레타 파라(Violeta Parra) 작사·작곡

생에 감사해, 내게 너무 많은 걸 주었어.
샛별 같은 눈동자를 주어
흑백을 온전히 구분하고,
창공을 수놓은 별을 보고,
무수한 사람들 틈에서 내 님을 찾을 수 있네.

생에 감사해, 내게 너무 많은 걸 주었어.
청각을 주어 밤낮으로 귀 기울여
귀뚜라미, 카나리아, 망치 소리, 물레방아, 소나기,

개 짖는 소리, 그리고 사무치게 사랑하는 님의
한없이 부드러운 목소리를 새기네.
생에 감사해, 내게 너무 많은 걸 주었어.
소리와 문자를 주어
'어머니, 친구, 형제자매,
애모하는 영혼의 편력, 길을 비추는 빛' 같은
말들을 떠올리고 표현할 수 있네.

생에 감사해, 내게 너무 많은 것을 주었어.
내 지친 발을 이끌어주어
도시와 시골길,
해변과 사막, 산맥과 평원,
그대 집과 거리와 정원을 순례하였네.
생에 감사해, 내게 너무 많은 것을 주었어.
인류의 지성이 낳은 창조물을 볼 때,
악이라고는 모를 것 같은 선인을 볼 때,
그대 맑은 눈을 깊숙이 들여다볼 때마다
요동치는 심장을 주었네.

생에 감사해, 내게 너무 많은 것을 주었어.
웃음을 주고 울음도 주니
내 노래와 당신들의 노래 재료인
즐거움과 고통을 구분할 수 있네.
당신들의 노래는 바로 나의 노래이고

모든 이의 노래가 바로 나의 노래라네.

생에 감사해, 내게 너무 많은 걸 주었어.

출처: 『바람의 노래 혁명의 노래』(우석균, 2005, 해나무)

2.
예술과 문학으로 꽃핀
아르헨티나 민주화운동

영화 〈에비타-Don't cry for me Argentina〉

1978년 영국에서 초연하여 좋은 반응을 얻었던 '에비타Evita'란 제목의 뮤지컬이 있다. '에비타'는 에바 페론Eva Peron의 애칭이다. 에바 페론은 1919년 사생아로 태어나 1935년 15살에 가출하여 부에노스아이레스로 무작정 상경한 후 연예계로 진출했다.

처음에는 모델로 활동하다가, 연극배우, 영화배우, 라디오 성우 등으로 차츰 이름을 알려 1940년 무렵부터 유명 연예인이 되었고 마침내 아르헨티나의 영부인 자리까지 오른 인물이다. 이 작품은 다음 해인 1979년에 뉴욕 브로드웨이 무대에도 올라 큰 성공을 거뒀다.

이 성공에 힘입어 1996년에는 알란 파커 감독이 미국 가수 마돈나를 주인공으로 한 동명의 영화 〈에비타〉를 제작하여 아카데미 시상식에서 5개 부문에 후보로 올랐으며 1997년 골든 글로브에서 작품상, 여우주연상, 주제가상을 수상했다.

이 영화에서 에바 페론으로 분한 마돈나가 남편인 후안 페론이 대

영화 〈에비타〉 중에서 에바 페론 역의 마돈나

통령으로 당선된 후 대통령궁 발코니에서 환호하는 지지자들에게 부른 「Don't cry for me Argentina」(아르헨티나여, 날 위해 울지 말아요)란 곡이 전 세계적으로 인기를 끌었다. 아르헨티나 정부는 뮤지컬과 영화 내용 중 왜곡된 사실이 많다며, 따로 영화를 만들어서 화제가 되기도 했다.

Don't cry for me Argentina
(아르헨티나여, 날 위해 울지 말아요)

쉽지는 않겠죠, 여러분은 이상하다고 생각할 거예요.
내가 어떤 기분인지 설명하려면
이 모든 것을 이룬 후에도 여전히 여러분의 사랑이 필요하다면
믿기 힘들 거예요.
여러분 눈에는 예전에 알았던 소녀로만 보이겠죠.

멋지게 차려 입고 있지만

난 이렇게 해야 했어요. 난 변해야 했어요.
평생을 밑바닥에서 헤맬 수는 없었어요.
창밖을 내다보며, 태양 빛에서 벗어나
그래서 난 자유를 택했죠.
여기저기 뛰어다니며, 새로운 것들을 경험해봤죠.
하지만 그 무엇도 날 감동시키지 못했어요.
그럴 거라고 기대하지도 않았지만

날 위해 울지 말아요. 아르헨티나여
진실은 내가 여러분을 저버린 적이 없다는 거예요.
그 모든 광란의 날들을 보내며
이 미칠 것 같은 삶 속에서도

난 약속을 지켰어요.
그러니 날 멀리하지 말아요.
그리고 부와 명성은
내가 추구했던 게 아니었어요.
비록 세상 사람들은 내가 그것들만 원했다고 생각하지만
그것들은 환상에 불과하죠.
그렇게 보일지 모르지만 진정한 해결책이 못 된답니다.
대답은 항상 이곳에 있었어요.
난 여러분을 사랑하고, 여러분도 날 사랑해주길 바라요.

날 위해 울지 말아요, 아르헨티나여

제가 너무 말이 많았나요?
더 이상은 할 말이 생각나지 않네요.
하지만 날 보기만 하면 알 거예요.
내가 하는 말이 모두 진실이라는 걸.

3.
아르헨티나 현대사를 찾아서

　아르헨티나는 1810년 스페인으로부터 독립한 이래 1982년 12월 민주정권이 들어서기까지 170여 년 동안 잦은 군사 쿠데타로 힘겨운 시간을 보냈다. 1943년 아르투로 라우손이 주도하는 군사 쿠데타가 일어나 보수 성향의 라몬 카스티요 대통령이 축출되었을 당시 후안 페론은 육군 대령으로 쿠데타에 참여했다. 이후 노동부 장관과 국방부 장관을 역임했다. 후안 페론은 노동부 장관을 하면서 노조와 사회주의 운동 세력을 자신의 지지 기반으로 만들었다.

　1944년, 산후안에서 지진이 발생하여 6,000명 이상이 사망하는 참사가 발생했는데 산후안 지진 참사의 이재민 구호를 위한 기금 모금 행사 자리에서 후안 페론은 에바 두아르테(에바 페론)를 처음 만났다. 당시 첫 번째 부인을 잃고 독신으로 살던 후안 페론은 에바의 젊음과 미모에 빠져들었고, 곧 두 사람은 동거를 시작했다.

　후안 페론은 이재민 구호 기금 마련과 노동자 중심 노동정책 등의 성과로 하층민들에게 엄청난 인기를 누렸고 그 인기를 바탕으로 같은 해 부통령에 선임되었다. 1945년에는 에바와 정식으로 결혼식을

에바 페론

올렸다.

그 이듬해 있을 대통령 선거를 준비하던 중 후안 페론의 야심과 정치적 영향력 확대, 친노조 및 사회주의적 성향 등에 경계심을 가지고 있던 군부가 쿠데타를 일으켜 그를 구금시켰다. 이에 아내 에바 페론과 그의 지지자들은 석방운동을 전개했는데 이는 1945년 9월 17일 대규모 시위로 이어진다. 1945년 10월 17일 여론의 지지를 얻은 후안 페론은 석방되었다.

그리고 1946년, 후안 페론은 대선에 출마하여 노동자 등 하층민들의 전폭적인 지지로 대통령에 당선되었다. 대통령 취임에 성공한 페론은 노동자의 권리를 보장하고 신장시키는 정책을 펼쳤다.

당시 아르헨티나는 2차 세계대전 종전으로 인한 전후 복구 사업으로 일자리가 늘어나고 이에 따른 임금상승과 중산층 확충으로 경제가 안정되기 시작해 1947년 7월경에는 모든 외채를 갚게 되었다.

후안 페론은 이에 힘입어 산업화와 사회자본의 국유화 정책을 통해 자립경제를 추진했으며, 아내 에바 페론의 헌신적인 내조로 여성 참정권 부여와 더불어 사회보장제도를 늘리고 병원 4,000여 개, 학교 8,000여 개를 설립했다. 이러한 성과를 바탕으로 1949년에 헌법을 개정했고 1951년 대통령 선거에서 후안 페론은 63.5%의 득표율을 얻어 급진시민연합 후보에게 압승을 거두었다.

그러나 1950년대 들어 미국, 영국, 프랑스, 이탈리아, 소련 등이 전후 복구 이후 공업생산량이 늘어나면서 아르헨티나 제품의 수요가 크게 줄어 아르헨티나의 경제도 침체되기 시작했다. 게다가 나치 인사들의 망명을 받아들이는 정책은 국제사회의 비난과 함께 국가 간 마찰을 초래함으로써 경기 침체를 더욱 심화시키는 결과를 가져왔다.

그러던 중 1952년 7월 26일 에바 페론이 자궁암으로 33살의 젊은 나이에 세상을 떠났다. 이후 후안 페론은 이혼과 매춘을 합법화하면서 가톨릭교회와 신도들의 지지도 잃었으며 군부 내에서도 반페론 정서가 강해지면서 1955년 9월 군사 쿠데타로 축출되고 말았다.

페론 축출 이후 아르헨티나는 잦은 정권 교체, 인플레이션 등의 혼란을 겪게 되면서 노동자들 사이에서 후안 페론에 대한 그리움이 커져만 갔다. 이런 분위기 속에서 1973년 3월 아르헨티나 대선이 치러졌는데, 페론의 개인비서 출신이자 페론주의 좌익 분파에 속하는 엑토르 캄포라가 대통령에 당선됐다. 후안 페론은 이사벨 페론과 자신의 개인비서인 호세 로페스 레가를 아르헨티나로 보내면서 사회복지부 장관으로 지명했다.

1973년 6월 20일 약 350만 명의 페론주의자가 아르헨티나 부에노스아이레스의 에세이사 국제공항에 운집하였다. 스페인 공식 방문을 마친 엑토르 캄포라 대통령과 같은 비행기를 타고 귀국하는 페론을 환영하기 위해 모였는데 페론이 공항에 도착을 즈음, 아르헨티나 반공주의자 동맹의 위장된 저격수들이 군중을 향해 발포하여 수십 명이 사망하는 참사가 발생했다.

이는 호세 로페스 레가가 사주한 것인데 이 사건으로 아르헨티나 좌우익 간의 갈등과 정치폭력으로 사회가 매우 혼란해졌다. 1973년 7월 13일 엑토르 캄포라 대통령이 갑작스럽게 사임하고, 라울 라스티리가 대통령직을 승계했다. 같은 해 10월 12일에 라울 라스티리마저 사임해, 아르헨티나의 대통령 직위는 공석이 되었다.

후안 페론은 세 번째 부인인 이사벨 데 페론을 부통령으로 지명하고 대통령 선거에 나섰다. 대선 결과 후안 페론이 대통령, 이사벨 페론이 부통령으로 당선됐고, 1973년 10월 12일 취임했다. 그러나 취임한 지 일 년도 채 못 된 1974년 7월 1일 심장마비로 79년의 생을 마감하였다.

후안 페론이 사망한 뒤인 1976년 초 라파엘 비델라가 주도하는 군사 쿠데타가 일어났다. 군사혁명정부의 대통령으로 취임한 비델라는 처음에는 사회질서 안정을 전제로 민정 복귀를 약속했으나 오히려 의회활동을 정지시키고, 입법권을 9인 군사위원회에 귀속시키는 한편, 법원·정당·노조의 기능을 정지시키고 요직에 군부 인사들을 배치했다.

공포정치가 시작된 이때부터 군사독재가 종식되는 1982년까지 군부독재정권의 인권 탄압으로 3만여 명의 민중이 목숨을 잃거나 실종되었다. 역사는 이것을 '더러운 전쟁Guerra Sucia'이라 불렀다. 훗날 아르헨티나의 민주주의가 회복된 이후 군부가 산 사람을 생매장하거나 비행기에 실어 태평양에 던져 살해한 사실이 밝혀져 전 세계가 놀랐다.

1977년 실종자들의 가족들로 조직된 '5월 광장 어머니회'가 매주 한 차례씩 부에노스아이레스의 '5월 광장'에서 보라색 스카프를 두르고 민주화를 요구하는 집회를 개최하여 아르헨티나 군부의 만행을 전 세계에 고발했다. '5월 광장 어머니회'의 활동은 우리나라에도 영향을 주어 전두환 정권 시절 민주열사와 양심수들의 가족들이 모여 '민주화실천가족운동협의회'를 결성했다.

1982년 4월 2일 부패하고 무능한 아르헨티나 군부는 경제 침체로 인한 국민들의 불만을 무마시킬 목적으로 영국과 영유권 분쟁이 있었던 포클랜드를 침공했다. 그리고 이 포클랜드 전쟁에서 패배함으로써 자연스럽게 붕괴되고 민주정부가 들어서게 되었다.

9

대한민국 광주!
오월 혁명을 노래하다

1980

1.
영혼결혼식과 임을 위한 행진곡

1982년 2월 20일, 망월동 시립묘지에서 윤상원과 박기순의 영혼결혼식이 있었다. 서슬 퍼런 신군부의 공포정치로 인해 숨죽여 살아야만 했던 시절임에도 불구하고 여기저기서 소식을 듣고 모여든 양가 친지와 지인들이 박기순의 묘소에 자리를 잡았다.

늦겨울 찬바람이 맴도는 황량한 식장에는 양가에서 마련한 신방에 쓸 이불이며 옷가지가 두 영혼을 위해 가지런히 놓였다. 이윽고 하객들이 모두 자리를 잡자 신랑 측에서 초빙한 장성 임곡면의 무녀가 박기순의 묘에서 망자를 불러내기 위한 초혼 굿을 벌였다.

굿이 한창 진행되던 중 무녀가 갑자기 100여 미터 떨어져 있던 윤상원의 묘 쪽으로 쏜살같이 달려가자 영문도 모른 채 하객들도 덩달아 뒤를 따랐다. 나중에 내달린 이유를 무녀에게 물으니 접신된 박기순의 영혼이 신랑인 윤상원이 빨리 보고 싶다 하여 달렸다고 한다.

주례사는 시인 문병란이 맡아 "어느 젊은 혼령들의 결혼에 부쳐"라는 부제가 붙은 「부활의 노래」를 낭송하는 것으로 대신했다. 마침내 의식이 모두 끝나자 옷가지와 이불을 태워 하늘나라로 보냄으로써 윤

5·18 묘역에 합장된 윤상원과 박기순

상원과 박기순의 영혼결혼식은 끝이 났다.

1997년 5월, 민주열사 묘역에 안장되어 있던 윤상원과 일반 묘역에 홀로 있던 박기순은 5·18 묘역에 합장되어 하나가 되었다. 영혼결혼식 이후 실로 15년 만의 해후인 셈이다. 지금도 두 집안은 사돈지간으로 돈독한 관계를 유지하고 있다고 전한다. 이 극적인 영혼결혼식의 두 주인공은 어떠한 사연을 가진 사람들이었나 살펴보자.

광주민주화운동이 일어나기 2년 전인 1978년 6월 27일. 전남대 교육지표 사건이 일어났다. 송기숙, 명노근 등 전남대 교수 11명이 "교육 민주화와 구속 학생 즉각 석방" 등을 촉구하는 〈우리의 교육지표〉를 발표한 것이다. 발표가 끝나자마자 이들은 지금의 국가정보원 격인 중 앙정보부에 끌려갔고, 이틀 후 전남대생들은 "교육지표 지지, 구속 교수 석방"을 외치며 시위에 들어갔다.

당시 전남대 사범대 국사교육학과에 재학 중이던 박기순도 여기에 참가했고 이로 인해 무기정학을 당한 뒤 그해 7월 이 지역 출신으로 서울에 유학 중이던 대학생 최기혁, 전복길, 김영철 그리고 전남대생 나상진, 임낙평, 신영일, 이경옥 등과 함께 광주 광천동 천주교회 교리실을 학당으로 삼아 광천공단 노동자들을 위한 들불야학을 창립하고 수학 교사로 활동했다.

박기순은 그해 10월, 공단 내 동일강건사에 들어가 낮엔 노동자들과 함께 일하고 밤에는 그들을 가르치는 일을 병행하면서 노동자 인권을 위해 헌신하던 중 1978년 12월 26일 불과 22살에 자취방에서 연탄가스 중독으로 안타깝게 생을 마감하였다.

윤상원은 당시 주택은행 서울 봉천동지점에서 근무하다가 모교인 전남대에서 일어난 교육지표 사건 소식을 접하고 은행에 사표를 내고 광주에 돌아와 광천공단의 플라스틱 공장에 취업하여 노동운동을 하고 있던 중 박기순을 만나 그녀의 권유와 설득으로 들불야학 교사로 활동을 하게 되었다.

자신을 들불야학으로 인도한 박기순이 불의의 사고로 세상을 뜨자

윤상원 생가(광산구 천동길 46)

윤상원 생가 마을 입구에 그려진 벽화

윤상원은 1978년 12월 27일 일기장에 "영원한 노동자의 벗 기순이가 죽던 날"이라고 기록하며 그녀의 죽음을 진심으로 아파했다.

한편 그녀의 사망 소식을 듣고 인근에 머물고 있던 김민기가 내려와 장례식 때 그녀를 애도하는 노래 「상록수」를 만들어 불렀는데 이 노래는 후에 양희은이 불러 세상에 널리 알려졌다.

1980년 5·18광주민주화운동이 발발하자 윤상원을 비롯한 김영철, 박용준 등 들불야학 교사들은 공수부대원들의 시민 학살과 그에 대한 저항의 실상을 광주 시민들에게 알리고 투쟁을 효과적으로 이끌기 위해 '투사회보'라는 선전물을 제작 배포했다.

5월 21일, 갖은 만행을 자행하던 공수부대가 금남로에 모여 있던 시민들을 향해 무차별 사격을 가하고 나서 퇴각했다. 4일간 수백 명의 사상자를 내며 항거한 광주 시민들의 치열한 저항 끝에 마침내 광주가 해방된 것이다. 그러나 그것도 잠시일 뿐 계엄군은 서서히 광주를 에워싸고 숨통을 조여왔다.

일부 인사들은 협상을 통해 사태를 수습하고자 총기를 반납하고 협상하려 했으나 윤상원은 죽음으로 광주를 사수해야 한다고 설득하여 마침내 25일 밤, '민주시민투쟁위원회'가 조직되어 전남도청 본관에서 결사항전의 준비를 갖추었다. 이 항쟁 지도부에서 윤상원은 대변인, 김영철은 기획실장을 맡았다.

마침내 27일 새벽 1시, 어둠을 틈탄 계엄군의 기습 공격이 시작되었다. 천지를 진동하는 장갑차 소리와 기관총 소리가 연신 울려 퍼지며 도청을 향해 죽음의 사신처럼 한 발 한 발 다가왔다. 새벽 4시, 도청 2층 민원실 창밖으로 총구를 향한 윤상원과 김영철은 죽음을 예감하였다.

잠시 후 뒷담을 넘어온 공수대원의 총격에 윤상원은 복부에 관통상을 입고 쓰러졌다. 곁에 있던 김영철이 윤상원을 부축하여 매트에 눕히자 윤상원은 "저승에서 만나서도 동지애를 나누며 살자"는 마지막 말을 남기고 곧 운명하고 말았다. 서른 번째 생일을 3개월 앞둔 때였다. 윤상원이 죽기 전 그와 인터뷰한 미국 '볼티모어 선'지의 브래들리 마틴 기자는 이렇게 그를 기억한다.

나는 광주의 도청 기자회견실 탁자에 앉아 그를 정면으로 바라보며 이 젊은이가 곧 죽게 될 것이란 예감을 받았다…… 나에게 강한 충격을 준 것은 바로 그의 두 눈이었다. 바로 코앞에 임박한 죽음을 분명히 인식하면서도 부드러움과 상냥함을 잃지 않은 그의 눈길이 인상적이었다.

김영철은 현장에서 계엄군에 의해 체포되어 광주 상무대 영창에 갇

했다. 그곳에서 그는 화장실 벽에 머리를 박아 자살을 기도했다가 뜻을 이루지 못하고 훗날 그 후유증으로 정신이상자가 되어 정신병원을 전전하다 1998년 8월 16일 한 많은 삶을 마감하였다.

한편 윤상원이 숨진 비슷한 시각, 박용준도 광주 YWCA 건물에서 계엄군과 맞서 싸우다가 결국 사살되고 말았다. 그가 운명하기 전날인 26일자 일기에 남긴 마지막 글은 다음과 같다.

우리의 피를 원한다면 하느님, 이 조그만 한 몸의 희생으로 자유를 얻을 수 있다면 희생하겠습니다. …… 하느님, 어찌해야 좋겠습니까? 양심이 그 무엇입니까? 왜 이토록 무거운 멍에를 메게 하십니까?

광주 국립5·18민주묘지

2.
임을 위한 행진곡

사랑도 명예도 이름도 남김없이
한평생 나가자던 뜨거운 맹세.
동지는 간데없고 깃발만 나부껴
새 날이 올 때까지 흔들리지 말자.
세월은 흘러가도 산천은 안다.
깨어나서 외치는 끝없는 함성.
앞서서 나가니 산 자여 따르라.
앞서서 나가니 산 자여 따르라.

　이 노래는 1987년 6월 항쟁에서 가장 많이 불렸던 「임을 위한 행진
곡」이다. 이후 노동, 농민, 교육 등 민주화운동의 현장에서 널리 불리
다가 1997년 5·18광주민주화운동 기념일이 국가기념일로 지정됨에 따
라 이 노래는 자연스레 국립5·18민주묘지 기념식장에서 매년 울려 퍼
졌다.
　2013년 국회에서 여야는 이 노래를 5·18민주화운동의 공식 지정곡

으로 지정하는 데 합의했다. 그런데 2015년 5·18광주민주화운동 제34
주년 기념식을 앞두고, 국가보훈처는 돌연 정부 주관 5·18광주민주화
운동 기념식에서 국민 통합을 저해한다며 이 곡의 합창은 가능하나
제창은 할 수 없다고 밝혔다.

  광주 시민들이 주도하는 5·18민중항쟁 기념사업위원회는 이에 항의
해 정부 주관 기념행사 불참과 보훈처 예산 지원 거부를 선언했다. 이
러한 양측의 첨예한 갈등은 결국 따로 기념식을 진행하는 사태로 이
어졌다. 참고로 합창은 '행사에 참석한 합창단만 부르는 것'을 의미하
고 제창은 '행사에 참석한 합창단과 행사에 참여한 모두가 다 같이 함
께 부르는 것'을 말한다.

  그렇다면 보훈처가 합창은 가능하지만 제창은 불가하다고 밝힌 이
유는 무엇이었을까? 보훈처가 제창 불가의 이유로 삼은 것은 1991년
북한이 제작한 영화 〈님을 위한 교향시〉의 배경음악으로 「임을 위한
행진곡」이 사용되었다는 것이다.

  결국 이 노래에 이념의 잣대를 들이대고 있는 셈인데 이 노래의 탄
생 배경을 제대로 알고 하는 처사인지 의심스럽기만 하다. 1982년 아
직도 살얼음판 같은 분위기의 광주, 5·18광주민주화운동 2주기를 맞
이하면서 결코 이대로 죽어지낼 순 없다, 죽은 자들을 위해서 산 자
들이 최소한의 무언가라도 해야 한다는 안타깝고 절박한 심정이 모아
지고 있었다.

  6월 어느 날, 당시 광주 운암동에 거주하던 소설가 황석영의 집(현,
문화예술회관 자리)에 전용호와 김종률 등이 모였다. 이 자리에서 황석
영은 "지난날 내가 미국에서 있었던 평화운동모임에 참여한 바 있는
데 이때 남미 해방신학 활동가들이 그 자리에서 즉석으로 노래극을

만들어 공연하는 것을 보고 감명이 깊었는데, 우리가 지난 2월에 치러졌던 박기순과 윤상원의 영혼결혼식에 참석하지 못했으니 지금이라도 두 사람의 넋을 기리는 결혼 선물을 준비하자. 우리가 가진 문학과 음악적 재능으로 창삭노래극을 만들어보자"고 제안했고 이에 두 사람은 기꺼이 찬성했다.

그 자리에서 창작노래극의 전체적 구상과 노랫말은 황석영이 책임지기로 하고, 1979년 제3회 MBC대학가요제 은상을 수상한 곡 「영랑과 강진」을 작곡한 당시 전남대 3학년생인 김종률이 작곡을 담당했으며, 5·18광주민주화운동 당시 투사회보 제작 사건으로 투옥된 후 출소하여 흩어진 광주의 문화운동 조직을 다시 일으키기 위해 활동하던 전용호는 노래 부를 사람을 물색하고 연락하는 일을 맡았다.

김종률은 평소 많은 노래를 작곡해놓았기에 그중에서 노래극에 알맞은 노래를 선별했고 이렇게 선별된 곡에 황석영은 가사를 고심하다 서점에 있는 시집 몇 권을 사 오도록 한 후 백기완, 김준태 시인 등의 시를 골라 노랫말로 가다듬었다.

마침내 8편의 창작곡과 「무녀의 초혼굿 사설」, 5·18광주민주화운동 희생자들의 부활을 상징하는 문병란 시인의 시 「부활의 노래」를 연작으로 이어 만든 창작노래극이 만들어졌다. 창작노래극의 제목은 「넋풀이」라 정하고 공연 일정까지 잡았다. 전용호는 제작 당시의 상황을 이렇게 회고했다.

공연 장소는 광주 운암동의 황석영 씨의 자택 이층이었다. 이 자리에 당시 광주문화방송국에 막 입사한 오창규와 부인 임영희, 전남대 국악반 회장 출신으로 음악 교사인 임희숙, 전남대 탈춤반 출신

윤만식, 기독청년운동가 김은경, 노래를 부르기 위해 영문도 모르고 참석한 전남대 음악과 여학생 한 명, 녹음기를 빌려 온 민청학련 출신 이훈우, 5월 항쟁으로 구속되었다가 군대에 끌려간 후 마침 휴가 나온 김선출 등이 참여하였다.

비밀리에 추진하는 일인지라 이들에게는 공연 일주일 전에 서로 얼굴이나 보고 살자며 황석영의 집에서 저녁 식사나 같이 하자고 불렀다. 녹음 장비는 기타와 장구, 북, 꽹과리, 징 그리고 시내에서 빌려 온 외제 녹음기가 전부였다. 그 자리에서 악보를 주고 약 서너 시간 정도 연습을 한 후 소음이 적은 새벽 2시쯤 녹음을 시작하기로 하였다.

공연은 호탕하면서도 투쟁적인 분위기를 자아내도록 기타와 꽹과리를 반주로 함께 어우러지도록 연주했다. 연주 소리가 외부로 퍼져나가지 않도록 담요로 거실 유리창을 모두 막았다.

모두들 각자 분담한 대로 개인 연습을 한 다음 모여서 리허설을 몇 차례 하였다. 연습이 끝나자 모두 함께 모여 녹음 작업을 하였다. 그렇게 1차 작업이 끝나자 녹음된 테이프를 들어보았다. 그런데 중간에 희미하지만 '컹컹' 하고 개 짖는 소리와 앞 철로에서 기차 지나가는 소리가 들어가 있었다. 그래서 3시 반쯤 다시 2차 녹음을 하였다. 두 번째는 특별한 사고 없이 무사히 끝났다. 그렇게 「넋풀이」 창작노래극 테이프 작업은 완성되었다.

나는 「임을 위한 행진곡」을 작곡한 김종률을 만나 노래의 탄생 비화와 최근 이 노래를 둘러싼 이념 논쟁에 대한 심경을 들어보기로 했다. 다음은 그와 대담한 내용을 정리한 것이다.

「임을 위한 행진곡」이 만들어진 배경은?

1982년 윤상원과 박기순의 영혼결혼식이 있었다는 소식을 나중에서야 듣게 되었다. 어느 날 황석영이 두 사람의 결혼식에 참석도 못했으니 결혼 선물로 노래극 「넋풀이」를 만들어보자고 제안하였다.

마침 5·18광주민주항쟁 2주기를 맞이하면서 광주가 살아 있음을 보여주고 싶은 마음이 컸던지라 바로 수락을 하고 기획회의를 가졌다. 음악은 내가

김종률(「임을 위한 행진곡」 작곡가, 현 광주문화재단 사무처장)

담당하기로 했는데 노래극에 필요한 창작곡은 총 8곡이었다. 주어진 시간이 많지 않았기에 7곡은 사전에 작곡한 것 중에서 어울릴 만한 곡을 선별하였다.

마지막 1곡은 윤상원과 박기순 열사에게 바치는 노래로 두 사람의 투쟁과 죽음 그리고 사랑을 담은 창작노래극의 핵심인데 어떻게 풀어야 할 것인가 고민했다. 무자비한 살육을 자행한 공권력에 숨죽이고 있을 수밖에 없는 산 자들의 무력감을 오히려 죽은 두 사람이 격려하고 이끌어주는 '우리가 앞서가니 나를 따르라'는 내용의 곡이 필요했던 것이다.

5·18광주민주항쟁 당시 대학 3학년생이던 난 비록 용감하지 못해 시위대 맨 앞 대열에 서지 못하고 중간에 끼어서 때론 도망치기도 했지만 그때 목격한 상황과 경험을 되살려 노래에 담겠다는 의무감과

그로 인한 긴장감이 매우 컸다.

공연 당일 어수선한 분위기의 황석영 씨 집을 떠나 잠시 우리 집에 가서 4시간 만에 전격적으로 곡을 만들게 되었다. 난 처음부터 행진 곡풍으로 만들되 음악적 상식을 깨고 단조로 만들겠다는 생각을 가졌다. 단조로 만든 행진곡을 느리게 부르면 처연한 슬픔이 느껴지고, 빠르게 부르면 장중하고 비장함마저 느껴지리라 생각한 것이다.

이렇게 완성된 곡을 황석영 씨에게 보였더니 그는 가사를 붙이기 위해 서점에서 시집 몇 권을 사 오라고 했다. 시집을 살펴보던 중 백기완의 시 「묏비나리」에서 마땅한 가사를 발견하고 일부 내용을 발췌하여 운율에 맞게 손을 보아 가사를 완성하니 마침내 「임을 위한 행진곡」이 탄생하는 순간이었다.

엄혹한 시절 자칫 잘못하면 잡혀간다는 두려움과 긴장감 속에서 녹음이 시작되었고 마침내 첫 녹음 후 이 노래를 다시 들었을 때 온 몸에 전율이 느껴졌다. 그때의 느낌을 평생 잊지 못할 것이다.

이 노래와 관련한 일화가 있다면?

노래극 제작을 마치고 나는 1982년 하반기에 군에 입대했다. 1983년 3월 첫 휴가를 나와 연세대 재학 중인 친구와 만나 신촌 일대를 지나는데 내가 작곡한 「임을 위한 행진곡」이 여기저기에서 흘러나왔다.

친구는 내가 만든 노래인 줄도 모르고 "지금 나오는 노래가 요즘 대학가에서 최고로 유행하는 노래란다. 넌 군대에 있어서 잘 모르겠지만 최근 데모가로 모르는 사람이 없지. 내가 가르쳐줄게." 하며 선창을 했다.

아무래도 내가 만든 노래인 거 같다고 말하자 처음엔 농담으로 받아들인 그 친구, 그날 밤 막걸리를 흠씬 마시고 어깨동무하며 신촌거리를 노래 부르며 밤새 거닐었던 기억이 생생하다.

최근 '임을 위한 행진곡'을 둘러싼 논란에 대해 어떻게 생각하는가?

이 노래의 작곡가로서 마음이 너무 아프다. 이 노래는 5·18민주항쟁 당시 용감하게 싸웠던 시민군들의 희생을 기리며 유가족의 아픔

최초의 악보

과 상처를 보듬어 안고 아픔을 공유하고자 만든 노래이다. 암울했던 1980~1990년대 군부독재 시절 명동의 막걸릿집에서, 대학 캠퍼스 한 구석에서 떨치지 못한 울분들을 이 노래를 통해 풀고 위안을 받아 왔다.

지난 30여 년간 5·18광주민주항쟁을 상징하고 한국 민주화를 상징하는 이 노래가 지니고 있는 본연의 뜻과 의미를 생각지 않고 정부 정책을 비판하는 집회에서 불려지거나, 북에서 만든 영화에 삽입되었다고 해서 이 노래의 '임'이 김일성이라는 등 색깔을 입혀 매도하는 극우 세력들의 주장에 동조하는 정부의 행태에 실망을 느낀다.

역사는 지워지지 않는다. 그 시대를 노래한 이 노래도 하나의 역사다. 강압하면 사라질 것이라 생각하지만 결코 사라지지 않는다. 노래는 우리 머릿속에만 있는 게 아니라 가슴속에도 있다. 머릿속은 일부 사라진다 할지라도 가슴속에 박혀 있는 노래는, 그 가락은 사라지지 않는다. 우리 세대를 이어 다음 세대까지 영원히 가고 후손들한테도 불릴 것이라 확신한다.

앞으로 바라는 꿈이 있다면?

먼저 이런 논란들이 잠재워지길 바란다. 5·18광주민주항쟁도 35주년이 됐다. 이제 역사로 기록된 이 사건이 문화로 남아야 한다. 교과서 속의 역사로만 존재하는 데 그치지 않고 문화와 예술로 승화되어야 한다.

프랑스혁명이라는 역사가 수많은 영화와 연극, 문학 작품으로 만들어지고, 또 이를 통해 세계인들이 이 사건을 잊지 않고 기억하며 그 속에 담긴 가치를 자연스럽게 가슴에 새기고 있다.

　5·18광주민주항쟁도 이렇게 예술로 승화된다면, 그래서 우리 삶 속에 가까이 들어온다면 이것이야말로 우리가 5·18을 잊지 않는 것이고 5·18을 제대로 기념하는 것이다. 난 그 일을 마무리 짓는다는 생각으로 꾸준히 문화 운동을 해왔으며 앞으로도 마찬가지로 이 일을 꾸준히 해나갈 것이다.

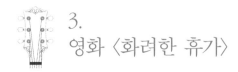

3.
영화 〈화려한 휴가〉

지금까지 5·18광주민주화운동을 다룬 영화들을 살펴보자.

1994년에 상영된 〈꽃잎〉은 5·18광주민주화운동을 소재로 한 최윤의 소설 『저기 소리 없이 한 점 꽃잎이 지고』(1992)를 장선우 감독이 각색해 연출한 작품이다.

이 영화는 당시까지 금단의 영역으로 여겨졌던 1980년 5·18광주민주화운동을 영화적 소재로 한 첫 개봉작이라는 의미를 지녔다. 〈꽃잎〉은 그날의 아픔으로 인한 후유증을 그린 영화로 당시 17살의 나이로 데뷔한 이정현의 신들린 듯한 연기가 인상적이었다.

1999년 10월 14일 부산국제영화제 개막작으로 상영된 영화 〈박하사탕〉은 이창동 감독의 두 번째 영화로 5·18광주민주화운동이 주인공 인생사의 배경으로 등장한다. 주인공 영호로 분한 설경구가 5·18 당시 광주 진압 작전에 투입되어 소녀를 사살하게 되면서 폭력적인 현대사로 인해 스스로 상처를 받아 점차 삶이 파멸되어가는 과정을 그렸다. 영화 중 설경구가 기차가 달려오는 철로 위에서 "나 돌아갈래"를 외치는 장면은 두고두고 회자되는 명장면으로 남아 있다.

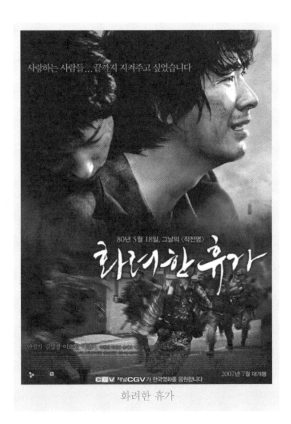

화려한 휴가

　전 국민을 TV 앞에 모이게 한 드라마 〈모래시계〉 역시 5·18광주민주화운동과 삼청교육대를 비롯해 현대사의 가장 민감한 부분을 드라마 소재로 삼아 엄청난 화제를 몰고 왔다.

　이전 작품들과 달리 5·18광주민주화운동을 정면으로 다룬 첫 작품은 바로 2007년에 발표된 김지훈 감독의 〈화려한 휴가〉이다. 영화 제목은 1980년 5월 18일 계엄령 발효에 따라 광주에 투입된 계엄군의 작전 명령 '화려한 휴가'에서 따온 것이다. 이 영화는 5월 18일 0시 비상계엄이 선포되면서 평범한 시민들이 광주와 사랑하는 사람들을 지키기 위해 계엄군에 맞서는 열흘간의 이야기를 사실적이고 감동적으로 다루고 있다.

영화 속 인물들과 대부분의 장면들은 1980년 치열했던 5월의 광주에 실존했던 인물들을 모델로 했으며, 그들이 실제 겪었던 사건들을 바탕으로 만들었다. 다만 아쉬운 점은 너무 희화화된 감이 있어 다소 긴장감이 떨어진다는 지적도 있다.

하지만 광주민주화운동이 일어난 지 27년이 지난 후 사람들의 뇌리에서 서서히 희미해져가는 즈음 어쩌면 다시는 기억하고 싶지 않은 가슴 아픈 사건, 1980년 5월 그날의 광주를 우리 앞에 되살아오게 한 영화인 것은 분명하다. 〈화려한 휴가〉의 줄거리는 다음과 같다.

택시기사인 강민우(김상경)는 동생 강진우(이준기)와 함께 광주에서 평화롭게 살아가는 젊은이다. 어느 날 민우는 진우와 함께 성당에 다니던 박신애(이요원)를 보고 첫눈에 반하여 짝사랑하게 된다. 신애를 향한 민우의 순수한 감정이 전달되어 결국 두 사람은 5월 어느 날 영화관에서 데이트를 하게 된다. 눈치 없는 동생 진우와 함께……

영화를 보던 도중 한 대학생이 공수부대원에게 폭행을 당하며 영화관 안으로 들쫓겨 들어오는 것을 보게 된다. 이에 놀란 세 사람은 관중들과 함께 영화관 밖으로 나가다가 공수부대원들이 대학생들을 구타하며 거리를 피로 물들이는 국가폭력의 현장을 목격한다. 이런 아수라장 속에서 진우와 헤어진 민우는 신애와 도망가다 공수부대원에게 죽을 뻔한 위기를 겪는다.

한편, 다음 날 무사히 등교한 진우는 같은 반 친구가 어제 공수부대원에게 죽었다는 사실을 알고 오열하고, 마침내 학생들을 이끌고 시위대에 참가하려 하지만 제자들의 죽음을 염려한 선생님들에게 제지

된다.

한편, 민우는 택시를 운전하다 죽어가는 대학생들을 보고 처음엔 그냥 외면하려 했지만 차마 그러지 못하고 그들을 병원으로 데려다주기로 한다. 이 모습을 본 공수부대원들은 민우를 택시에서 끌어내 마구잡이로 구타하고 어디론가 끌고 간다. 이렇게 끌려가던 민우는 가까스로 탈출하여 신애가 일하는 병원에서 치료를 받는다.

그날 오후, 민우는 계엄군이 철수할 것이라는 전남도지사의 발표를 듣고 기뻐 뛰쳐나온 시민들의 대열에 휩싸인다. 그러나 시민들과 대치하고 있던 계엄군은 애국가가 울려 퍼지는 것을 신호로 시민들에게 무차별 발포를 가한다.

수많은 시민들이 계엄군의 총에 맞아 쓰러지고 아비규환의 현장에서 민우는 동생 진우의 죽음을 지켜보게 된다. 마침내 민우는 계엄군의 무자비한 과잉 진압으로 쓰러져가는 무고한 시민들을 위해 신애의 아버지인 퇴역 장교 출신 박흥수(안성기)가 이끄는 시민군에 합류한다. 그러나 공수부대의 잔악무도한 도청 진압 작전으로 도청을 사수하던 시민군들은 모두 사살되고 만다.

영화 〈화려한 휴가〉 중 한 장면

영화의 라스트신은 강민우와 박신애의 결혼식으로 주변의 모든 사람들이 즐거움에 웃으며 행복한 광경을 이뤄낸다. 그리고 그 한가운데에서 영화 속 유일한 생존자인 박신애만이 금방이라도 눈물이 터질 듯한 표정으로 서 있는 가상(?)의 장면이다. 그 장면을 배경으로 「임을 위한 행진곡」이 체코 필하모닉 오케스트라의 연주로 느리게 흐른다. 작곡가가 말한 것처럼 처연한 슬픔을 담고……

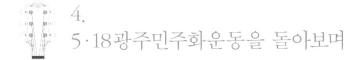

4.
5·18광주민주화운동을 돌아보며

'박정희 시대' 18년의 종말과 민주주의의 여명

1961년 5월 16일, 군부가 무력으로 국가권력을 장악했다. 4·19혁명이 일어나고 이듬해에 벌어진 일이었다. 정권을 찬탈한 군부의 중심엔 일제 강점기 일본 육군사관학교를 졸업하고 관동군 소위로 임관한 경력을 지닌 박정희가 있었다. 박정희 정권 아래에서 값싼 노동력과 농어민의 희생을 바탕으로 한 수출 중심의 '선 성장 후 분배' 정책으로 개발독재가 자행되었다. 이는 정치·경제·사회 분야의 수많은 불균형을 일으켰다. 이에 대해 국민들이 거세게 반발했지만 박정희 정권은 삼선개헌, 유신헌법, 긴급조치 등을 통해 군사독재 체제를 유지하려 했다. 폭압성을 더해가던 군사독재는 1979년 10월 16일 '부·마 민주항쟁'을 계기로 난관에 부딪쳤다. 결국 그로부터 열흘 뒤인 10월 26일, 박정희는 부하였던 김재규의 총에 의해 죽게 된다. 군사독재에 신

* 이 글은 5·18기념재단 자료를 인용했다.

음하던 국민들은 박정희의 사망을 한국 민주주의의 새로운 여명으로
받아들였다.

김재규 현장검증(박정희 시해)_민주화운동기념
사업회/경향신문사 제공

민주주의의 여명을 짓밟은 '12·12 군사정변'과 '5·17' 계엄 확대

그러나 박정희가 사망한 후, 신군부는 국가권력을 장악하기 위해
'12·12 군사정변'을 일으켰다. 이에 반해 재야인사와 주요 야당의원은
'계엄해제와 민주화 이행'을 주장했고, 전국의 수많은 대학생들은 학
원의 자율화와 민주화를 요구했다. 민주화에 대한 열망이 사회 전반
에 걸쳐 분출되던 '80년의 봄'이었다.
1980년 5월 10일, 23개 대학 대표로 구성된 전국 총학생회장단은
'비상계엄의 즉각 해제, 전두환·신현확 등 유신잔당의 퇴진' 등을 담
은 결의문을 포고했고, 거리시위를 계획했다. 이런 시위의 조짐을 감지

한 전두환 중앙정보부장은 북한이 남한을 침략할 조짐을 보인다는 이유로, 비상경계 태세 돌입 명령을 내렸다.

5월 13일부터 민주화를 요구하는 사람들은(특히 대학생을 중심으로) 거리시위를 시작했다. 5월 15일 서울역 앞 집회는 그 정점을 이뤘고, 그날 밤 신현확 국무총리는 시위를 그만두라는 특별담화를 발표했다. 그에 반발한 시위대는 '서울역 회군'을 단행했고, 야당 지도자들은 정부 측에 '19일까지 시국수습대책에 대한 답변을 하라'고 요구했다. 그러나 신군부는 5월 17일 24시를 기해 전국 계엄령 확대를 시행했다. 시위는 서울뿐만이 아닌 광주에서도 전개되었다.

5월 14일, 전남대학교 총학생회장이던 박관현을 필두로 대학가와 전남도청 일대에서 거리시위가 벌어졌다. 시위를 벌이던 사람들은 "계엄령을 해제하라", "전두환은 물러가라"는 구호를 외쳤다.

금남로로 향하고 있는 전남대학교 교수들, 이들 뒤를 학생들이 따르며 민주주의를 위한 구호를 외치고 있다.

전남대학교 정문 앞에서 촉발된 5·18민주화운동

　국민의 기대와 요구를 저버린 신군부의 '계엄령 확대'는 많은 이들
이 시위에 가담하게 만들었다. 신군부는 재야 정치인과 민주화운동
관련자를 시위의 중심 세력이라 여겨 연금하고 구금했다. 또 국회를
비롯한 정부기관, 대학, 각종 언론사와 방송사 등에 계엄군을 주둔시
켰다. 이때, 전북대학교에 주둔한 계엄군에 의해 이세종 학생이 사망
하는 사건이 발생하기도 했다.

　5월 18일 계엄군은 전남대학교 정문 앞에서 등교하는 학생들을 막
아 세웠다. 이에 학생들이 거세게 항의하자 계엄군은 진압봉을 앞세워
학생들을 구타하고 연행하기 시작했다. 이를 만류하려던 시민까지도
폭행을 당했다. 등교하지 못한 학생들은 이런 계엄군의 폭력을 알리기
위해 전남도청으로 진출했다. 소식을 전해 들은 사람들도 하나둘 도

학교 정문에서 전경과 대치하고 있는 전남대생들

청으로 몰려들었다. 이때만 해도 시민은 소극적이었고, 조직화되지 않았다.

이후 계엄군은 조금이라도 사람들이 모이면 해산하라는 위협과 폭력을 가했다. 계엄군의 진압봉은 경찰의 진압봉과는 다른 형태로, 구타를 당한 시민은 심각한 부상을 입었다. 계엄군의 잔인함에 분노한 시민이 계엄군의 의도와는 달리 거세지고 집단화되자, 계엄사령부는 광주 지역의 통행금지 시간을 저녁 7시로 조정했다.

계엄군의 증파와 민주화운동의 본격화

5월 19일 새벽 3시경 증파된 계엄군이 광주역에 도착했다. 시민의 저항은 극심해졌고, 도심 곳곳에서 시민과 계엄군의 격렬한 대치와 충돌이 일어났다. 장갑차와 헬기까지 동원하던 계엄군은 결국 발포하기에 이르렀다.

19일 오후 4시 30분경, 당시 고등학생이었던 김영찬 군은 계림파출소 인근에서 계엄군이 쏜 총에 맞아 중상을 입었다. 전날 계엄군에게 영문도 모른 채 무자비하게 구타당했던 청각장애인 김경철 씨도 19일에 사망했다. 20일 오전 8시경, 계엄 당국에 의해 중학교와 고등학교에도 휴교령이 내려졌다. 오후가 되자 도심으로 다시 사람들이 모여들었고, 계엄군은 진압봉으로 이를 저지하려 했다.

오후 6시 40분경, 금남로에는 버스, 화물차, 택시 등으로 구성된 200여 대의 차량 시위대가 출현했다. 계엄군과 경찰은 최루탄과 가스로 이를 저지하고, 탑승자를 공격했다. 사람들은 노동청과 세무서로 몰려가 정부의 잔혹한 진압을 규탄했으며, 광주의 상황을 제대로 보도하지 않는 방송국에 찾아가 항의했다. 이 과정에서 광주 MBC방송국 건물에 화재가 발생하기도 했다.

계엄군의 집단 발포, 시민군의 등장, 철수하는 계엄군

5월 21일 오전 2시, 이윽고 광주와 외부를 연결하는 전화가 차단되었다. 도심 곳곳에서 계엄군에 의해 처참히 살해된 시신이 발견되었고, 도심 여기저기 화재로 말미암은 불꽃과 연기가 피어올랐다.

오전 8시경, 계엄군 사이에서 오인에 의한 교전이 발생하여 군인 다수가 사망하기도 했다. 오후 1시경, 전남도청을 향한 시민의 물결은 더

+(십자)완장을 찬 위생병마저 페퍼포그 차량 옆에서 저항 의지도 없는 학생을 곤봉으로 힘껏 내려치고 있다.

욱 거세졌고, 계엄군은 저지선을 돌파하려는 시민을 향해 총을 난사했다. 저격수는 시민을 향해 조준 사격을 했고, 총탄에 맞은 시민은 차례로 금남로에 쓰러졌다. 계엄군의 사격은, 시신을 대열에서 끌어내고 부상자를 병원에 후송하려는 시민에게도 향했다.

광주 시내의 병원은 이송된 환자와 시신으로 넘쳐났다. 계엄군이 진압을 위해 총기를 사용하자 시민은 스스로를 무장하기 시작했다. 아시아자동차 공장에서 장갑차 등의 차량을 확보하고 광주·전남 일대의 경찰서와 예비군 탄약고에서 무기를 꺼냈다. 무기를 확보한 시민들은 점차 '시민군'이란 이름으로 편제되었고 이후 금남로와 충장로에서 벌어진 계엄군과의 공방은 시가전 양상을 띠었다. 결국, 오후 5시 30분경 계엄군은 전남도청에서 철수하기에 이른다.

고립된 시민공동체의 항전

도심에서 물러난 계엄군은 광주의 외곽을 둘러싸고서 광주와 전남을 오가는 시민을 향해 총을 쏘며 통행을 막았다. 수많은 사람들이 다시 계엄군의 총탄에 목숨을 잃었다. 시민군이 전남도청을 사수한 5월 21일부터 26일까지의 7일 동안, 광주에서는 시민 자치제가 실시되었다. 사람들은 계엄군과 치열하게 부딪혔던 현장을 수습하기 시작했다.

이후 전남도청 분수대에서는 매일 '시민궐기대회'가 개최되었다. 궐기대회에서는 사건의 진상과 정황을 알리는 성명서와 투사회보 등의 유인물이 배포되었고, 누구나 자유롭게 발언함으로써 난국을 타개하

광주 시내 각 동마다 부녀자들이 쏟아져 나와
주먹밥 등 음식을 만들어 시민군들에게 제공
했다.

기 위한 지혜를 모았다. 사람들은 주먹밥과 빵 등을 대가 없이 나눴고, 부상자를 돕기 위해 헌혈을 하는 등 함께 살아가는 공동체를 실천했다.

신군부는 타 지역에 광주가 '치안 부재 상태'인 곳이라 전했다. 수습대책위원회를 꾸린 광주 시민은 계엄군 대표와 만나 합의를 도출해내려 했지만, 긍정적인 결과를 가져오진 못했다. 5월 26일, 계엄군은 다시 탱크를 앞세우고 도청을 향했다. 김성용 신부를 비롯한 시민 대표들은 맨몸으로 탱크의 진입을 저지했고, 간신히 하루를 버텨냈다.

전남도청을 지켰던 사람들과 계엄군의 재진입 그리고
15년간의 5·18정신 계승투쟁

5월 27일 새벽, 광주 도심 곳곳에서는 '계엄군이 쳐들어오고 있습니
다. 시민 여러분! 우리를 잊지 말아주십시오'라는 목소리가 울려 퍼졌
다. 이 소리는 오래도록 광주 시민의 뇌리에 남아 5·18민주화운동의
정신을 잇겠다는 의지와 열정을 갖게 만들었다. 도청을 사수해 버티기
어려울 것임을 누구나 알았지만, 많은 시민군이 도청에 남아 있었다.

새벽 4시경, 계엄군은 다시 도청을 향했다. 교전 시간은 1시간 남짓
에 불과했고, 윤상원을 비롯한 많은 시민군이 시신으로 남겨졌다. 이
날 전남도청에 얼마나 많은 사람들이 머물렀고, 얼마나 많은 이들이

독일 『슈피겔』지에 실린 아버지의 영정을 든
아이 사진은 죽은 자와 살아남은 자를 절묘하
게 대비함으로써 광주의 아픔을 전 세계인에
게 전해준 5·18의 상징적인 사진 중 하나이다.

죽었는지 아직까지 명확하게 밝혀지지 않고 있다. 당시 생명을 잃었던 많은 이들이 지금, 망월동 시립묘지 제3묘역에 안장되어 있다.

5·18민주화운동은 이후 한국 사회에서 지속적으로 전개된 민주화운동의 원동력이 되었고, 군부독재에 결정적 타격을 가한 87년 6월 항쟁의 밑거름이 되었다. 5·18민주화운동은 95년 5·18특별법으로 제정되었으며, 전직 대통령이었던 전두환, 노태우 등 92명이 내란·내란목적살인죄 등으로 처벌받기까지 전 국민의 염원이 모여 5·18민주화운동 정신 계승으로 이어졌다.

5·18민주화운동으로부터 87년 6월 항쟁에 이르기까지, 광주를 비롯한 전 국민이 보인 저항과 참여, 연대의식은 오늘날 세계 곳곳에 중요한 민주화운동 사례로 알려지고 있다. 이러한 중요성을 인정받아 2011년 5·18민주화운동 관련 자료들은 유네스코 세계기록유산으로 등재되었다.

10

'피플 파워'의
필리핀 민주화운동

1986

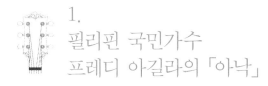

1.
필리핀 국민가수
프레디 아길라의 「아낙」

세월은 유수와 같이 흐른다는 말처럼 학교를 졸업하고 가정을 이루어 자식 낳고 생활에 쫓겨 허둥지둥 살다 보니 벌써 이순耳順을 내다보는 나이가 되어버렸다. 숨 가쁘게 돌아가는 삶 속에서 뒤도 돌아볼 여유조차 없이 쫓기듯 살다 보니 학창 시절의 꿈은 하나둘 잊어버리고 절친했던 친구들과도 만나지 못해 아예 연락이 두절되는 경우도 종종 있었다.

그중 까까머리 중학생 시절부터 만난 잊지 못할 친구 하나가 있었는데 어느 날 갑자기 전화가 왔다. 장난기가 발동한 그 친구는 처음부터 자신을 밝히지 않았고 낯선 이에 대한 경계심으로 내 목소리는 경직되었다. 당황한 친구는 뒤늦게 자신의 이름을 밝혔으나 수십 년간 연락이 끊긴 사이인지라 옛 친구라곤 생각도 못해 알아듣지 못하자 그 친구는 그만 실망하여 전화를 끊어버렸다.

그런 후 몇 년이 흘렀다. 우연히 다른 친구를 통해 그 친구 연락처를 알게 되었고 반가운 마음에 통화를 시도했다. 왠지 싸한 느낌, 몇 년 전엔 모르는 체하더니만 새삼스럽게 무슨 호들갑을 떠느냐는 식이었다. 그러나 몇 마디 대화 끝에 이내 오해는 풀리고 통화가 끝나자마자 그 친구는 부인과 함께 안양에서 정읍까지 그 먼 길을 한걸음에 달려왔다.

반가운 해후 끝에 옛 얘기는 꼬리에 꼬리를 물고 이어졌는데 갑자기 그 친구 하는 말, 내가 학창 시절에 좋아했던 노래로 휴대전화 음을 정했다면서 들려준 노래가 바로 프레디 아길라Freddie Aguila의 「아낙Anak」이다.

친구의 입을 통해 그 말을 듣는 순간, 친구는 이런 사소한 것까지 기억하고 있는데 난 그간 사람만 잊고 산 것이 아니라 다른 많은 것들을 잊고 살았구나 하는 생각이 들었다.

얼마 전 유하 감독의 〈강남 1970〉이란 영화를 봤는데 이 노래가 영화 중간 부분과 엔딩에 흘러나와 또다시 그 친구와 나의 학창 시절이 떠올랐다. 1970년대 대부분의 가정이 그러하듯이 난 여러 형제들과 한 방에서 부딪치듯 살아가고 있었다. 그래서 나만의 공간, 나만의 것이 없었고 모든 것을 공유하고 나누어야만 했다.

그런데 그 친구는 부럽게도 자기 방이 있었고 그 방엔 전축과 수백 장의 레코드를 가지고 있어 음악을 좋아했던 난 그 친구 집에서 살다시피 했다. 그러면서 그 친구와 난 단순한 친구 관계를 넘어서 음악적 교감을 나누는 사이가 되었던 것이다.

이제 필리핀의 국민가수로 추앙받는 프레디 아길라에 대해 살펴보자. 그는 1953년 2월 5일 필리핀에서 태어났다. 그의 아버지는 시골 경찰서장이었다고 하는데 생전에 아들이 가수가 되는 것을 반대하고 변호사나 의사가 되기를 원했다.

그러나 그는 이러한 아버지의 뜻을 저버리고 17살에 가출하여 라이브 클럽을 전전하면서 무명의 통기타 가수로 활동하다가 외로움에 지친 어느 날 고향에 대한 향수와 아버지를 떠올리면서 만든 노래가 바로 '아낙'이다.

프레디 아길라

'아낙'이란 제목은 필리핀 타갈로그어Tagalog로 '아들 또는 자식'이라는 뜻이며 프레디 아길라 자신의 이야기처럼 부모의 가슴을 아프게 한 자식의 회한이 담긴 노래다. 이 노래가 1977년 필리핀 메트로 가요제에서 대상을 받게 되면서 프레디 아길라의 이름이 널리 알려졌다.

1978년 이 노래는 필리핀뿐만 아니라 동남아를 넘어 미국 등 세계 28개 언어로 56개국에서 출반되고, 3000만 장 이상의 음반 판매고를 올렸다. 1983년에는 아시아 가수로는 유일하게 미국에 첫 진출, 빌보드 싱글 차트 5위까지 오르면서 월드스타의 반열에 오르게 되었다. 국내에서는 가수 정윤선과 이용복이 '아들'이란 제목으로 번안하여 히트를 쳤다.

아낙(Anak)

아들아
네가 이 세상에 태어났을 때
엄마와 아빠는 꿈이 이루어지는 걸 보았지

우리의 꿈이 실현된 것이며 우리의 기도에 대한 응답이었지
넌 우리에겐 너무도 소중한 아이였지
네가 방긋 웃을 때마다 우린 기뻐했고
네가 울 때마다 우린 네 곁을 떠나지 않았단다.

아들아 넌 모르겠지 아무리 먼 길도 갈 수 있다는 것을
우리가 너에게 줄 수 있는 사랑을 위해서는
신에 맹세코 너를 끝까지 돌봐주기 위해서
우리가 해야 한다면 너를 위해서는
죽음도 마다하지 않을 거라는 것을
계절이 여러 번 바뀌고 벌써 많은 세월이 흘러 지나갔구나
시간이 너무도 빨리 지나가버린 거지
이제 너도 어느새 다 자라버렸구나
그런데 무엇이 널 그렇게 변하게 했는지
넌 우리를 떠나고 싶어 하는 것 같구나
큰 소리로 네 마음을 말해보렴
우리가 너에게 뭘 잘못했는지 말이야?
그런 넌 어느새 나쁜 길로 접어들고 말았구나.

아들아 넌 지금 망설이고 있구나.
무엇을 무슨 말을 해야 할지를 말이야
넌 너무도 외로운 거야 네 옆엔 친구 하나 없는 거지
아들아 넌 지금 후회의 눈물을 흘리고 있구나
우리가 너의 외로움을 덜어주련다.

네가 가야 하는 곳이 어디이든지
우리는 항상 문을 열고 너를 기다리고 있단다.

안타깝게도 그의 아버지는 정작 그가 세계적인 가수로 성공한 것도 보지 못하고 눈을 감았다. 자신도 부모가 되어 아들을 낳고, 이제는 아버지의 나이가 된 프레디 아길라의 심정은 어떠했을까?

그 당시의 필리핀은 페르디난드 마르코스 독재정권에 의해 민중들의 인권이 가혹하게 유린당하던 시절이었다. 조국의 암울한 상황과는 달리 세계적 명성을 얻은 그는 미국 대형 음반기획사의 거액의 계약 제의를 거절하고 고국 필리핀으로 되돌아왔다. 부와 명예가 보장된 기회였지만 그 모든 것을 포기한 것이다.

1983년 8월 21일 필리핀 마닐라 공항에서 충격적인 사건이 발생했다. 당시 필리핀의 야당 지도자 베니그노 아키노가 3년간의 미국 망명 생활을 마치고 귀국했는데 그가 비행기에서 내려 차량에 오르기 직전 암살범이 쏜 흉탄에 살해당한 것이다.

이 사건으로 필리핀 정국은 요동치기 시작했다. 1984년 10월 중립 조사위원회는 당시 필리핀군 참모총장 파비안 C. 베르 장군이 단독으로 꾸민 음모로 페르디난드 마르코스 정부와는 아무런 관련이 없다고 발표했지만 이를 믿는 필리핀 국민은 아무도 없었다.

아키노의 장례식에는 그를 추모하기 위해 헤아릴 수 없이 많은 군중들이 몰렸고 이내 이들의 입에서 독재자 마르코스를 규탄하는 함성이 터져 나왔는데, 이것이 필리핀 민주화의 시발점이 되었다. 마침내 1986년 이른바 '피플 파워'라 불리는 민중혁명이 폭발했다. 분노한 민중들은 거리로 나섰고, 마르코스 독재에 항거했다.

그리고 프레디 아길라는 시위대의 한복판에서 '나의 조국'이라는 뜻의 「Bayan Ko」를 불러 그들의 행렬에 동참했다. 그때부터 그는 필리핀 민중의 삶을 노래하는 가수가 되어 민주주의를 열망하는 곳에 항상 그가 있었다.

이 노래는 지금도 필리핀에서는 제2의 국가처럼 불리는데 마치 우리나라의 「임을 위한 행진곡」과 같은 민중가요가 되었다. 결국 마르코스와 그의 부인 이멜다는 필리핀에서 쫓겨났고, 베니그노 아키노의 부인 코라손 아키노는 필리핀의 새 대통령이 되었다.

민주화가 찾아온 뒤에도 아길라의 민중을 향한 삶은 계속됐다. 마닐라의 빈민가를 평생 떠난 적이 없었던 그는 1990년 화재로 갈 곳을 잃은 어린이집의 아이들을 위해 그간 모은 돈을 모두 빈민가 학교인 아낙 학교를 짓고 운영하는 데 사용했다. 지금도 그는 클럽 등에서 노래를 불러 번 돈으로 빈민가 아이들에게 책과 학용품 등을 사주며 아이들을 가르치고 있다.

2.
예술과 문학으로 꽃핀 필리핀 독립운동

호세 리살의 유언 시, 「마지막 인사」

호세 리살은 스페인의 지배에 저항한 독립운동가로, 필리핀의 국가적 영웅으로 추앙받는 인물이다. 그는 1896년 필리핀 라구나 주 칼람바의 지주의 아들로 태어났다. 그는 어머니가 눈이 멀자 약학을 배우기를 결심하고, 형의 도움을 받아 스페인으로 유학을 떠나 마드리드 대학에서 약사 자격을 얻는다. 이후 파리 대학을 졸업하고 독일 하이델베르크 대학에서 석사학위를 받게 된다.

그가 처음으로 유명세를 탄 것은 마드리드 유학 시절 발표한 「놀리메 탕게레Noli me tangere」라는 소설 때문이었다. 그는 이 소설에서 스페인의 식민지 차별 정책과 식민지 지배의 모순을 날카롭게 비판했다. 이 소설은 '나에게 손대지 마라Don't touch me'란 제목으로 세상에 널리 알려지기도 했다.

이에 스페인 정부는 이 책을 불온서적으로 금지시키고 호세 리살에게 추방령을 내렸다. 의사의 꿈을 접고 귀국한 그는 조국 필리핀을 해

호세 리살

방시키기 위해 1892년에 필리핀민족동맹을 결성해 비폭력 저항운동을 전개했다. 그의 저서와 활동에 영향을 받은 필리핀 민중들은 민족이 처한 현실에 눈을 떠갔으며 이로 인한 자각은 해방과 독립의 열망으로 이어졌다.

하지만 그의 이런 활동을 주시하고 있던 스페인 총독부는 그를 체포하여 민다나오 섬으로 유배를 보냈다. 이후 그는 인트라모로스의 산티아고 요새에서 수감생활을 하던 중 1896년 12월 30일 35살의 나이로 마닐라 시내에서 공개로 총살형에 처해졌다.

그러나 오히려 그의 죽음을 계기로 필리핀 민중들의 독립 의지는 더욱 불타올랐으며 그를 필리핀 혁명의 순교자로 만들었다. 현재 필리핀 정부에서는 호세 리살을 국가영웅으로 지정했고 그가 죽은 12월 30일을 호세 리살의 날로 기념하고 있다. 다음은 사형되기 하루 전날 여동생에게 비밀리에 전한 호세 리살의 유언 시이다.

마지막 인사

잘 있거라, 내 사랑하는 조국이여
태양이 감싸주는 동방의 진주여
잃어버린 에덴이여
나의 슬프고 눈물진 이 생명을
너를 위해 바치리니

공개 처형장으로 가는 호세 리살의 마지막 발걸음

스페인 군에게 총살당하는 호세 리살의 동상

이제 내 생명이 더 밝아지고 새로워지리니
나의 생명 마지막 순간까지
너 위해 즐겁게 바치리

형제들이여, 그대는 한 올의 괴로움도
망설임도 없이 자유를 위한 투쟁에서
아낌없이 생명을 바쳤구나
월계수 백화 꽃 덮인 전나무관이거나
교수대거나 황량한 들판인들
조국과 고향을 위해 생명을 던졌다면
그게 무슨 상관이랴

어두운 밤 지나고
동녘에서 붉은 해 떠오를 때
그 여명 속에 나는 이 생명 마치리라
그 새벽 희미한 어둠 속
작은 불빛이라도 있어야 한다면
나의 피를 흩뿌려
어둔 새벽 더욱 밝히리라

나의 어린 시절이나
젊은 혈기 넘치는 지금이나
나의 소망 오직
동방의 진주 너를 흠모하는 것

검고 눈물 걸힌 너의 눈
한 점 꾸밈도 부끄럼도 없는
티 없이 맑고 부드러운 눈
동방의 진주 너를 바라보는 것이었노라

이제 나는 너를 떠나야 하는구나.
모든 즐거움과 절실한 열망을 버리고
아, 너를 위해 가슴속에서 우러나
만세 만세를 부르노라
우리에게 돌아올 최후의 승리를 위해
나의 죽음은 값지리니
네게 생명을 이어주기 위해
조국의 하늘 아래 숨 거두어
신비로운 대지에 영원히 잠들리니
아, 행복하여라

먼 훗날 잡초 무성한 내 무덤 위에
애처로운 꽃 한 송이 피었거든
내 영혼에 입 맞추듯 입 맞추어다오
그러면 차가운 무덤 속
나의 눈썹 사이에
너의 따스한 입술과 부드러운 숨소리 느끼게 되리니
부드러운 달빛과 따스한 햇볕으로
나를 비쳐다오

내 무덤가에 시원한 솔바람 불게 하고
따스하게 밝아오는 새 빛을 보내다오

작은 새 한 마리
내 무덤 십자가에 날아와 앉으면
내 영혼 위해 평화의 노래를 부르게 해다오
불타는 태양으로 빗방울 증발시켜
나의 함성과 함께 하늘로 돌아가게 해다오
너무 이른 내 죽음을 슬퍼해다오
어느 한가한 오후
저 먼 저승의 나 위해 기도해다오
아, 나의 조국
내 편히 하늘나라에 쉬도록 기도해다오

불행히 죽어간 형제들을 위해
기도해다오
견디기 어려운 고통 속에서 죽어간 이들을 위해
기도해다오
고난 속에 눈물짓는 어머니들을 위해
기도해다오
감옥에서 고문으로 뒹구는 형제들
남편 잃은 여인들과 아이들을 위해
기도해다오
……

내 무덤가 십자가 비석도 잊혀져가면
삽으로 밭을 일궈
내 무덤에서 시신의 재를 거두어
조국 온 땅에
골고루 뿌려다오

내 영원히 사랑하고 그리운 나라
필리핀이여
나의 마지막 작별의 말을 들어다오
그대들 모두 두고 나 이제 형장으로 가노라
내 부모, 사랑하던 이들이여
저기 노예도 수탈도 억압도
사형과 처형도 없는 곳
누구도 나의 믿음과 사랑을 사멸할 수 없는 곳
하늘나라로 나는 가노라

잘 있거라. 서러움 남아 있는
나의 조국이여
사랑하는 여인이여
어릴 적 친구들이여
이 괴로운 삶에서 벗어나는 안식에
감사하노라. 잘 있거라
내게 다정했던 나그네여
즐거움 함께했던 친구들이여

호세 리살 공원. 18만 평의 부지에 다양한 기념물이 세워졌다.

잘 있거라, 내 사랑하는 아들이여

아, 죽음은 곧 안식이니……

나의 마지막 작별

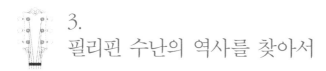

3.
필리핀 수난의 역사를 찾아서

우리에게 세계 최초로 세계 일주에 성공한 인물로 알려진 마젤란은 포르투갈 출신의 탐험가였다. 그는 향신료를 구하기 위해 스페인 국왕의 후원을 얻어 함선 6척과 260명의 선원으로 1518년 태평양을 가로지르는 대항해를 시작한 지 4년 만인 1521년 4월에 필리핀에 도착한다.

필리핀 땅에 도착한 그는 그 땅을 일방적으로 스페인 영토라 선언하며 세부 섬에 들어가 이 지역 부족의 족장 주아나 일족과 부족 800여 명을 가톨릭으로 개종시켰다.

마젤란은 개종에 복종하지 않는 족장 라프라프를 처단하기 위해 1521년 4월 27일 막탄 섬을 침략한다. 하지만 라프라프에게 도리어 목숨을 잃게 된다. 전투가 얼마나 치열하고 다급했던지 마젤란의 부하들은 함장인 마젤란의 시체도 찾지 못하고 퇴각했다고 전한다.

결국 마젤란은 세계 일주를 못 하고 그의 함대 중 빅토리아호만 요한 세바스찬 엘카노의 지휘 아래 스페인으로 돌아오게 되었는데 유럽인들은 이것을 역사적인 세계 일주로 기록하고 있는 것이다. 그러나 과연 필리핀인의 입장에서도 마젤란의 항해가 위대한 업적으로 비쳐질 수 있을까?

'유럽인의 지리상 발견'이란 다른 한쪽인 아시아, 아프리카의 문명과 평화를 파괴하는 침략의 시작인데 우리는 그동안 유럽인의 관점으로만 바라보도록 교육을 받아왔다. 그렇다면 유럽인도 필리핀인도 아닌 우리는 이 상황을 어떠한 관점으로 바라봐야 하는 걸까?

지금 필리핀의 세부 라프라프 기념공원에는 라프라프의 동상과 마젤란 기념비가 나란히 함께 세워져 있다. 이 두 비문은 마젤란의 항해가 보는 관점에 따라 어떻게 달리 평가될 수 있는지를 잘 보여준다. 마젤란의 비석에는 '애석하게도 라프라프에게 죽고 만 여행가'라는 내용이, 라프라프의 비석에는 '침략자인 스페인인들을 무찌른 필리핀 최초의 국왕'이란 내용이 적혀 있어 유럽과 필리핀의 상반된 두 관점을 모두 인정하고 받아들이고 있다.

마젤란 기념비

라프라프 동상

스페인의 침략은 여기서 끝나지 않고 1543년 빌라로보스가 필리핀에 도착하여 스페인 황태자인 펠리페의 이름을 따서 필리피나스라 국명國名을 명명했다. 그 후 스페인의 미구엘 로페즈데 레가스피가 1564년 국왕 펠리페 2세로부터 필리핀 원정대 대장으로 임명받아, 5척의 함선과 380명의 부하를 이끌고 태평양을 건너 1565년 2월 13일 필리핀에 도착했다.

그해 4월 그들은 세부 섬을 점령하고 여기를 근거로 삼아 1571년에는 민다나오와 술루 해를 제외한 필리핀 전역을 장악하여 스페인 식민정부를 건립한 후 330년간 통치했다.

1860년 스페인 내란이 일어나자 때를 놓치지 않고 필리핀 민중들은 대 스페인 저항운동을 펼쳐간다. 1892년에는 '필리핀민족동맹La Liga Filipina'이 조직되어 사회개혁을 시도했으며, 비밀결사조직 '카티푸난Katipunan'의 무장봉기도 일어났다.

필리핀은 혁명에 성공하기 위하여 미국에 도움을 청했다. 미국은 지원을 약속하고 마침내 대 스페인전에 참여한다. 미군과 필리핀 독립군은 연승을 거두었고, 1898년 6월 12일 필리핀의 아귀날도 장군은 필리핀 독립을 선언하고 초대 대통령에 취임했지만 미국은 이를 무시했다.

1898년 8월 13일 스페인은 필리핀을 제외시킨 채 비밀리에 미국에게 항복하고 1898년 12월 10일 양국 대표들은 파리에서 만나 '파리 조약'에 서명을 했다. 이때 미국은 스페인에게 필리핀을 양도받는 조건으로 미화 2000만 달러를 지불했고 필리핀은 스페인의 오랜 식민 통치에서 해방되자마자 또다시 미국의 식민 통치를 받는 비운을 겪게 된다.

미국에 대한 필리핀 민중들의 저항운동이 거세게 일어나자 미국은 잔인한 보복 학살로 맞섰고 게릴라전을 펼치던 아귀날도를 체포하여 굴복시켰다. 미국은 필리핀이 스스로 통치할 수 있는 능력을 갖추게 되는 때가 되면 물러날 것을 약속했고 필리핀도 이를 받아들여 마침내 미국의 시어도어 루스벨트 대통령은 1902년 7월 4일에 공식적으로 종전을 선언했다.

그러나 필리핀의 불행은 여기서 그치지 않았다. 1941년 12월 8일 새벽, 일본이 하와이 진주만을 공습했다는 소식이 전해지고 난 몇 시간 후 일본의 폭격기가 필리핀 상공에 나타나 미군의 클라크 공군기지를 공습했다. 극동 주둔 미군 총사령관이었던 더글러스 맥아더 장군이 일본의 공격으로 호주로 철수해버리자 필리핀 민중들은 이번엔 일본을 상대로 치열한 항쟁을 펼쳤으나 결국 패배하고 말았다.

1944년 10월 20일 맥아더가 이끄는 미군이 필리핀에 상륙했고 1945

년 7월 5일 필리핀의 해방을 선포함으로써 필리핀은 오랜 숙원인 독립
을 이루게 되었다.

마치 먼 길을 돌아서 온 느낌이다. 체 게바라의 삶을 돌아보면서 우리의 전봉준을 떠올려본다. 1894년 당시 민중의 희망이었던 녹두 장군 전봉준은 역적이란 굴레를 쓰고 1895년 3월 30일 새벽 교수형에 처해졌다. 그리고 우리는 그동안 전봉준을 어떻게 기억하고 있었는가?

필자는 이제껏 남미의 혁명가 체 게바라 얼굴을 담은 티셔츠를 입은 한국의 청년은 봤어도 전봉준 얼굴을 담은 티셔츠를 입은 청년은 본 적이 없다. 그러나 이것을 가지고 과연 그들을 탓할 수 있는 것일까?

그동안 우린 동학농민혁명과 전봉준, 그리고 농민군들에 대하여 관심이나 제대로 가져보았는가? 백 년도 훨씬 넘는 세월을 지나 지금에 이르도록 전봉준 얼굴을 담은 티셔츠, 추모 음반, 영화, 드라마 한 편이 없는 현실이 이 물음에 답해주고 있다.

그래서 필자는 이 글의 마무리를 동학농민혁명으로 정리하고자 한다. 꿈을 꾸어보자. 역사는 몽상가가 바꿔나간다고 했다. 전봉준도 체

황토현 전봉준 동상

게바라도, 호세 리살도 그 시대 각자의 방법으로 꿈을 품었다. 그리고 그 꿈은 역사를 긴 호흡으로 본다면 분명 이뤄진 꿈이다.

그들이 불렀거나 민중들이 그들을 위해 불렀던 그 노래 속에 담긴 회한과 슬픔, 연민, 기쁨, 희망을 이해하고 그 속에 담긴 시대정신을 읽어낼 때 그 꿈은 이뤄진 꿈으로 역사로 남게 될 것이다.

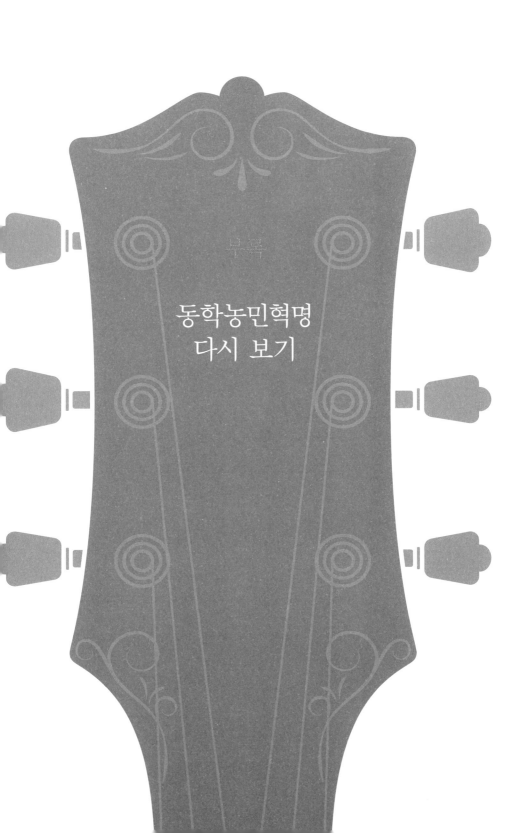

부록

동학농민혁명
다시 보기

1894년 1월에 일어난 고부농민봉기를 시발점으로 한 동학농민혁명은 우리나라 역사에서 최초로 민중의 자각에 의한 전국적 농민항쟁으로서 근대사회를 여는 계기가 되었다. 1차 농민항쟁은 자유 민권을 위한 반봉건 항쟁이었으며, 2차 농민항쟁은 일본 침략군을 이 땅에서 몰아내기 위한 민족자존의 반외세 항쟁이었다.

지배, 예속 관계에 기초한 봉건적 사회경제체제를 무너뜨리고 평등, 자유, 자치의 원칙에 기초한 새로운 사회경제체제의 수립을 목표로 한 동학농민혁명은 결국 보수 양반계층의 연합세력, 그리고 이들이 끌어들인 외세에 의해 실패로 끝났지만 그 맥은 이후 활빈당운동, 영학당운동으로 이어졌으며 항일의병항쟁 및 3·1운동 등의 원동력이 되어 오늘에 이르고 있다.

19세기 순조, 헌종, 철종 3대 60여 년간에 걸쳐 나이 어린 왕들이 즉위하게 되자 안동 김씨, 풍양 조씨로 이어지는 세도정치(외척세력에 의해 군사력이 독점되는 비정상적인 정치)가 이루어지면서 중앙정치의 기강이 문란해지고, 탐관오리의 득세로 사회는 동요하고 삼정의 문란이 초래되었다.

삼정이란 봉건적 수취체제의 기본이 되는 전정(토지세), 군정(16~60세에 해당하는 성인 남자들이 군대에 안 가는 대신 내는 세금), 환곡(춘궁기 때 관곡을 빌려주고 추수기 때 갚도록 한 제도)을 말하는데, 이것이 지방관들의 농간으로 수탈의 수단으로 변하여 농촌사회의 파탄을 가져왔다.

특히 1876년 개항 이후 조선은 청·일의 각축장이 되었으며 1882년 임오군란, 1884년 갑신정변으로 인해 조선에서의 주도권은 청이 장악하게 되었다. 이에 일본은 조선에서의 정치적 열세를 만회하고자 경제적 침략에 주력했고, 값싼 생필품을 미끼로 한 일본의 쌀 수입이 늘어나자 조선은 일본의 식량 공급지가 되어버렸다. 따라서 국내 쌀값이 폭등해 조선 민중은 물가고와 식량 부족에 허덕이게 되었다.

이러한 상황에서도 정부는 이전보다 훨씬 많은 세금을 거둬 민중을 수탈했으며 관직을 직접 매매하는 매관매직도 여전히 성행했다. 돈으로 벼슬을 산 관리들은 각종 부정부패를 저지르고 민중을 수탈하는 방법도 다양해졌다.

이러한 봉건적인 사회경제관계에 대한 농민들의 불만은 봉건통치계급의 횡포와 외세 자본주의 침략에 대항하는 민중의 저항의식으로 발전되어갔다. 이와 같이 봉건체제의 모순이 깊어가는 가운데 농민봉기가 발생하여 1892년경에는 전국적인 현상으로 나타났다. 이러한 농민항쟁의 조직과 사상적 기반이 된 것은 동학이었다.

동학은 최제우가 1860년 서학(천주교)에 대립하여 창시한 민족종교로 "사람이 곧 하늘人乃天"을 내걸고 새로운 세계는 내세가 아니라 현세에 있음을 갈파했다.

당시 봉건지배계급은 민중을 오로지 수탈의 대상으로만 보았으나, 동학은 평등사상을 제시했다. 이는 봉건지배계급의 입장에서 볼 때 유교적 기존 질서를 뒤흔드는 불온사상으로 탄압의 대상이 되었지만 민중의 계층적 요구를 반영한 이념이었기에 삽시간에 전국으로 퍼져나갔다.

동학을 창시한 최제우는 1864년 체포되어 "세상을 어지럽히고 백성을 홀리는 망령된 설을 퍼뜨렸으며 평상시에 난을 일으킬 생각을 하고 무리를 모았다"라는 죄명으로 대구에서 처형당했다. 물론 동학은 일체 금지되어 탄압을 받았고 이를 빌미로 백성들에 대한 수탈은 더욱 심해졌다.

이러한 탄압에도 불구하고 삼남지방을 중심으로 교세가 더욱 확장되었고 동학의 합법성을 요구하는 단계에까지 이르게 되었으니 이것이 바로 교조신원운동이다. 이에 두 차례의 집회로 뜻을 이루지 못하자 궐기하여 뜻을 이루고자 하는 강경론이 대두되었고, 그 뒤 동학군을 지도할 인물로 전봉준이 등장했다.

고부 지역은 호남 제일의 쌀 생산지이며 농산물 집결지였으며 서해안을 끼고 있어 해산물 또한 풍부했다. 그런 만큼 다른 어느 지역보다도 탐관오리의 횡포와 일제의 경제적 침략이 극심한 곳이었다.

1892년이 고부군수로 부임한 조병갑이 농민들로부터 과중한 세금을 징수하고, 백성들에게 무고한 죄명을 씌워 2만 냥이 넘는 돈을 수탈하는가 하면 부친의 송덕비각을 세운다는 명목으로 1,000여 냥을 농민들로부터 강제로 징수했다. 또한 당장 필요하지도 않은 만석보를 축조한다면서 농민들을 강제로 동원하여 쌓게 하고, 결국 그해 가을에 수세를 받아 700여 섬을 착복하는 등 온갖 탐학을 다하였다.

마침 1893년은 극심한 흉년이 들어 그해 11월 40여 명의 농민들이 고부 관아로 몰려가 만석보의 수세 감면을 진정했으나 조병갑은 오히려 양민을 선동하는 난민이라 하여 그 가운데 대표자 몇 사람을 구금했다.

이로 인해 민심은 극도로 흉흉해지고 전봉준 등 20여 명은 송두호의 집(고부 신중리 죽산마을)에 모여 고부군수 조병갑 외 탐관오리를 처단하고 전주성을 함락한 후 한양으로 진격한다는 거사 계획(사발통문 거사)을 결의했으나, 조병갑의 익산 발령으로 실행에 옮기지 못했다.

사발통문에 적힌 행동강령 4개 조항
1. 고부성을 부수고 조병갑을 목 벨 것
2. 군기창과 화약고를 점령할 것
3. 군수에게 아부하여 인민을 침해한 탐학한 구실아치를 징치할 것
4. 전주 감영을 함락하고 서울로 곧바로 올라갈 것

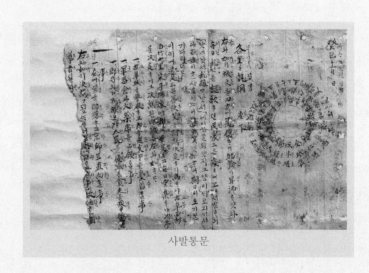

사발통문

그 후 1894년 1월 9일 조병갑이 고부군수로 다시 부임하자 11월 10일 새벽 배들평야(이평) 주변 10여 마을의 농악대에 이끌려 농민들이 예동마을(말목장터)에 모였다. 인근 대밭에서 죽창을 만들어 고부 관아를 향해 진격하여 고부 관아를 점령했으나, 조병갑은 이미 자취를 감춘 뒤였다.

수천의 분노한 농민들은 옥을 부수고 무고한 양민을 석방했으며, 창고 문을 열어 강탈당했던 곡식을 인근 주민들에게 나누어주었다. 그리고 원한의 대상인 만석보를 허물어버리고 말목장터에 진을 치는 한편 백산에 토성을 쌓기 시작했다.

그 즈음 새로 부임해 온 군수 박원명이 적극적인 폐단의 시정을 약속하자 농민들은 자진 해산했다. 그러나 후에 부임한 안핵사 이용태는 민란의 책임을 모두 동학교도와 농민에게 전가시켜 농민봉기의 주모자를 수색하는 한편 동학교도의 명단을 만들어 이들을 체포하고자 했다.

전봉준은 피신하여 정세를 관망하다가 이 기회에 고질의 뿌리를 뽑아야 하겠다고 판단, 인근의 동학 접주들에게 통문을 돌려 보국안민輔國安民과 교조의 신원伸寃을 위하여 궐기할 것을 호소했다. 마침내 1894년 3월 하순, 태인·무장·금구·부안·고창·흥덕 등의 접주들이 각기 병력을 이끌고 전봉준이 먼저 점령한 백산白山으로 모여드니, 그 수가 1만 명에 가까웠다고 한다. 전봉준은 대오를 정비한 다음 거사의 대의를 선포했다.

고부를 나선 농민군이 태인을 들이치고 부안 동헌을 공격하는 등 주변 고을을 석권하고 있을 무렵, 전라감사 김문현은 감영군과 보부상 패로 이루어진 연합군을 고부로 출동시키고 조정에서는 홍계훈을 양

무명동학농민군위령탑(정읍시 고부면)

호 초토사로 임명하여 장위영 병정 800명과 신식무기를 주어 전함에
태워 군산항으로 파견했다.

4월 초, 감영군과 보부상군 1,300여 명은 거들먹거리며 약탈을 일삼
고 한창 자라는 보리밭을 멋대로 짓밟으며 고부로 진격해왔다. 그러나
이 지역의 지형에 익숙한 농민군은 이들을 정읍시 덕천면의 황토재로
유인하여, 4월 6일 밤부터 4월 7일 새벽에 걸친 치열한 전투 끝에 완
전히 쳐부쉈다. 이것이 농민군이 처음으로 관군과 맞붙어서 큰 승리
를 거둔 황토재 전투이다.

당시 관군의 시체는 황토재 논바닥에 널려 있었는데, 그들의 규율
이 형편없었음을 말해주듯 주머니는 오는 길에 약탈한 물건들이 가득
했고, 전사자 중에는 남자로 변장한 여자도 상당수 섞여 있었다고 한
다. 관군은 철저히 참패하여 이광양을 비롯한 대부분의 장병이 전사
했다. 사기충천한 동학군은 불과 한 달 만에 호남 일대를 휩쓸면서 관
아를 습격하고 옥문을 부수어 죄수를 방면했으며, 무기와 탄약을 빼

앗고 이서(아전)가에 방화를 했다.

이러한 소식에 당황한 조정에서는 전라병사 홍계훈을 양호초토사兩湖招討使에 임명하고 군사 800명을 파견하여 농민군을 진압하도록 했다. 전주성에 입성한 홍계훈의 경군京軍과 동학군은 장성 월평리의 황룡촌에서 첫 대전을 벌였다. 일대 격전의 결과 경군은 대패했고 동학군은 정읍 방면으로 북상, 4월 27일에는 초토사가 출진한 뒤 방비가 허술한 전주성을 쉽게 함락시켰다.

한편 홍계훈의 경군(중앙군)은 28일에야 전주성 밖에 이르러 완산에 포진하고 포격을 가했다. 동학군은 여러 차례 반격을 가했으나 소총과 죽창만으로는 어찌할 도리가 없어 차차 수세에 몰려 500명의 전사자를 내는 참패를 당하고 전의를 상실하게 되었다.

정부는 고부군수·전라감사·안핵사 등을 이미 징계했고, 앞으로도 탐관오리를 계속 처벌할 것임과 폐정의 시정을 약속했다. 때마침 앞서 요청했던 청나라의 원군이 아산만에 도착했고, 일본은 일본대로 거류민 보호를 구실로 6월 7일에 출병할 것을 결정했다.

동족을 처단하기 위해 외세를 끌어들여 이제 조선은 청·일의 각축장이 되고 말았다. 이러한 민족적 위기에 접한 농민군은 5월 8일 정부가 요청한 휴전 제의에 각종 폐단을 시정하는 내용의 개혁안을 제시한 후 수락의 뜻을 밝히자 관군과 화약을 맺고, 농민군들은 전라도 일대에 농민군 자치기구인 집강소를 설치하여 농민군이 주체가 되어 지방자치를 실시했다.

전라도 각 읍에 집강소를 설치하고 개혁정치의 실현을 꾀하던 전봉준은 일본군이 궁궐을 침범하여 고종을 감금시키고, 청·일 양국이 전쟁을 일으켰다는 소식을 듣자 폐정개혁을 논할 때가 아니라 항일투쟁을 벌일 때가 왔다고 판단했다. 그리하여 9월에 접어들자 전봉준은 전주에서, 손화중은 광주에서 궐기했으며, 호남과 호서의 동학교도와 농민이 일제히 들고 일어났다.

전봉준은 전주 삼례를 동학군의 근거지로 삼고 대군을 인솔, 일단 논산에 집결한 뒤 세 방향으로 나누어 공주로 향했다. 또한 각지의 수령들도 수원·옥천 등 요지를 점거하여 동학군을 원호했다. 한편 이러한 정보를 입수한 관군과 일본군은 급히 증원부대를 요청, 동학군이 공주에 이르렀을 때에는 이미 만반의 태세를 갖추고 있었다.

경상도는 1894년 6월 순천에 내려온 전라도 금구 출신 영호嶺湖 대접주 김인배의 활약으로 광양, 하동, 진주 일대에서 크게 세력을 떨쳤다. 하동에서 일어난 농민군은 그해 7월에 도소를 설치했지만 양반과 향리층을 중심으로 조직된 민보군의 습격을 받고 광양으로 밀려났다.

그는 순천의 농민군과 함께 9월 1일 하동을 재차 공격하여 승리하고 도소를 재설치했다. 하동에서의 농민군 승리 소식은 사천·곤양·진주 등 인근 지역 농민군을 고무시켜 여러 지역에서 봉기가 이어졌다. 남해에서는 9월 11일 농민군이 봉기했고 사천에서는 13일 약 800여 명이 봉기하여 관청을 불태우고 무기를 빼앗았다. 15일에는 1,500~1,600여 명의 밀양 농민군이 관아를 공격했다. 15일에는 곤양 농민군이, 16일에는 고성 농민군이 읍내를 점거했다. 이렇게 봉기한 군현의 농민군은 진주로 진격하여 9월 17일 진주 병영을 점령했다.

이들 경상도 남서부 지역의 농민군은 일본군과 관군 연합부대와 10월 10일부터 진주 일대에서 두 차례의 접전을 벌였으나 패하였다. 진주 수곡면에 다시 집결한 농민군은 14일 일본군과 고승산성에서 필사적인 항전을 전개했지만, 200여 명에 이르는 사망자를 내고 패하고 말았다. 일본군과 관군은 농민군을 추격하여 하동으로 들어갔고 김인배의 농민군은 다시 순천, 광양의 세력을 규합하여 하동을 공격했으나 실패했다.

김인배의 농민군은 다시 전라좌수영이 있는 여수를 공격했고 이에 좌수사 김철규는 여수 앞바다에 정박 중인 일본 쓰쿠바 함대에 도움을 요청하여 일본 육전대陸田隊 100여 명과 좌수영 군대가 연합하여 농민군을 살육했으며 그 후 김인배는 광양에서 잡혀 죽었다.

상주에서는 김현영이 이끄는 농민군이 여름부터 활동했다. 상주 일대의 농민군은 9월 최시형이 기포령을 내리자, 읍내 점령에 나서서 9월 22일 상주와 선산善山 관아를 차례로 점령했다. 그러나 28일에 일본군의 기습 공격을 받아 100여 명의 희생자를 내고 상주와 선산읍에서 물러났다.

예천의 농민군은 3월부터 수접주首接主 최맹순의 지휘하에 활동을 개시했으며, 그 결과 예천 읍내를 제외하고 대부분 지역을 수중에 장악했다. 이때 예천 읍내에는 양반과 향리층을 중심으로 민보군이 조직되어 있었고, 8월 28일 민보군의 기습으로 농민군은 크게 패하였다.

장흥은 대접주 이방언의 지휘하에 장흥을 점거한 뒤 강진까지 점령했다. 다른 농민군 부대는 영암, 해남을 위협했다. 이렇게 되자 나주에 있던 이규태가 이끄는 관군은 영암에 모여 있던 2만여 명의 농민군을 공격했다. 이에 농민군은 장흥 쪽으로 후퇴했다. 관군은 강진 병영으로 향했다. 이에 농민군은 강진에서 후퇴, 장흥으로 진을 옮겼다. 12월 12일 농민군과 관군은 장흥 석대石臺들에서 치열한 전투를 벌였고 농민군은 엄청난 피해를 입었다.

강원도의 경우 1894년 3월 1차 봉기 때는 별다른 움직임이 없었는데 9월 초 충청도 제천·청주의 농민군과 강원도 영월·평창 지역 농민군이 서로 손잡고 일제히 봉기했다. 이들은 평창에 집결하여 인근의 정선 농민군들과 합세한 뒤 9월 4일 강릉을 점령했다.

그러나 9월 7일 민보군의 습격을 받아 20~30여 명의 희생자를 내고 대관령을 넘어 평창으로 밀려났다. 강릉에서 물러난 이후로도 농민군은 평창·영월·정선 등 대관령 서부 지역을 장악한 채 계속 강릉을 위협했다. 하지만 이들은 11월 4일 평창에서 일본군과 관군의 집중적인 공격을 받아 100여 명의 희생자를 냈고, 그 패전으로 강원도 남부 지역의 농민군은 사실상 와해되었다.

홍천 지역에서는 대접주 차기석이 이끄는 농민군이 활동했다. 홍천의 농민군은 남하하여 충청도 일대의 농민군에 합류하고자 했으나 강원도 지역 민보군과 관군에 막혀 다시 홍천으로 돌아왔다.

10월 11일 홍천군 내촌면에 집결한 농민군은 이날 관곡 창고가 있던 동창 일대를 공략한 후 강릉으로 진군해갔다. 이 홍천의 농민군은 10월 21일 맹영재가 이끄는 민보군과 홍천 장야촌에서 접전을 벌였으나 패하고 서석면 풍암리 자작고개로 퇴각했다.

이들은 여기서 22일에 또다시 관군과 치열한 접전을 벌였지만 패전하고 봉평 내면으로 퇴각했다. 그 후 농민군은 11월 11~14일까지 일본군과 전투를 벌였으나 다시 패하고 말았다. 이것이 강원도 지역에서의 마지막 항쟁이었다.

경기도 지역 농민군의 활동 역시 9월 재봉기가 시작된 이후 봉기가 이뤄졌는데, 그나마 세력과 활동이 매우 미약한 편이었다. 9월 25일에는 농민군 수천 명이 음죽陰竹 관아를 점령했다. 27일에는 이천의 농

내장산 전봉준공원

민군이 일본 병참소의 공격을 받아 30명이 체포되고 지도자급 10명이
처형당했다.

29일에는 안성·이천의 농민군 수만 명이 충청도 진천을 점령하여
무기고를 헐어 군기를 빼앗았다. 그러나 이후 경기도 지역에서 농민군
의 조직적인 봉기는 거의 사라졌다. 대신 이 지역 농민군은 충청도 농
민군과 합류해 진천, 충주, 음성, 괴산 등지에서 활약했다. 경기도 지역
농민군이 경기도에서 오래 버티지 못하고 충청도 쪽으로 남하할 수
밖에 없었던 것은 이곳이 서울의 인접 지역이어서 초기부터 일본군과
관군의 강력한 진압에 부딪쳤기 때문이다.

황해도에서는 9월 들어 서해 연안의 여러 군현에서 농민군이 활발
히 일어나고 있었다. 10월 6일 농민군 수만 명이 감영인 해주의 취야
장터에 모여 폐정弊政을 적어 제출한 뒤 일단 해산했다. 그러나 이들은
임종현의 지휘 아래 다시 모여 해주 감영을 점령했다. 재령의 농민군
2,000여 명은 10월 26일 쌀을 사들이기 위해 파견된 일본군을 공격했

고, 28일에는 일본인 2명을 죽였다.

이들은 11월 1일 일본군과 전투를 벌여 15명의 희생자를 내고 흩어졌다. 풍천의 농민군 수천 명이 봉기하여 10월 27일 풍천부를 점령했고, 11월 4일에는 평산 일대의 농민군이 일본군을 공격한 뒤 평산부를 점령했다. 그러나 평산·김천 일대의 농민군은 곧 서울에서 파견된 일본군에게 쫓겼다.

해주 감영에서 물러났던 농민군은 11월 11일 강령현을 습격하여 일본군과 싸웠고 13일에는 신천의 농민군이 일본군과 접전했다. 황해도 일대의 농민군은 13일 송화현, 문화현, 평산부, 조니진, 오우진, 용매진을 점령했고, 14일에는 장연부, 신천군, 장수산성, 수양산성을 점령했다.

농민군은 15일에는 옹진 수영을 공격하고, 17일에는 연안부를 공격했다. 또한 19일 은율현과 21일 백천군을 공격했다. 이처럼 황해도 각지에서 기세를 올리던 농민군은 다시 해주 감영 공격을 대대적으로 준비했다.

그리하여 11월 20일 취야장터에 수천 명이 모였고 24일에는 수만의 농민군이 총집결했다. 이들 농민군은 11월 27일 해주 감영을 총공격했다. 이때의 농민군은 재령, 신천, 문화, 장연, 옹진, 강령 등지에서 집결한 3만여 명에 이르는 연합부대였다.

해주성 공격의 선봉장은 당시 동학접주이던 백범 김구로 그때 나이 17살이었다. 그러나 안타깝게 해주성 전투에서 패배한 농민군은 이후 이듬해 1월까지도 산발적인 항쟁을 벌였으나 그 후 활동이 잠잠해졌다.

전봉준이 이끄는 호남 농민군과 손병희가 이끄는 호서 농민군은 일본과 관군의 연합군에 맞서 1894년 10월 23일부터 이인利仁, 효포, 웅치에서의 싸움에 이어 11월 8일 드디어 우금티에서 결전을 벌이게 되었다.

11월 9일 아침 동학농민군은 이인으로 가는 길목과 우금티산 사이 약 10리에 걸쳐 공격해 들어갔다. 동시에 삼화산三花山에 주둔해 있던 동학농민군도 오실梧室 뒷산을 향해 진격했다. 그리고 일본군과 관군의 근대 신무기의 위력에 후퇴와 공격을 수십 차례나 거듭했으나 결국 전봉준의 주력부대는 끝내 참패하고 말았다.

전봉준은 공초供招(심문 기록)에서 참패의 상황을 이렇게 말했다.

2차 접전 후 1만여 명의 군병을 세어보니 살아남은 자가 불과 삼천 명이요, 그 후 또다시 접전 후 세어보니 오백여 명에 불과하였다.

공주 대접전이 끝난 뒤 물러난 농민군은 논산과 원평, 태인에서 벌인 전투를 끝으로 해산했다. 그 뒤 장흥과 보은 일대에서 국지적인 소규모 전투가 벌어졌지만 상황에 영향을 줄 수 있는 것은 아니었다. 점차 차가워져가는 11월 말의 찬바람 속으로 농민군은 뿔뿔이 흩어졌고, 지도자들은 추적을 피해 숨어들었다. 그 뒤에 남은 것은 관군과 일본군의 무자비한 소탕작전이었다.

갑오 12월부터 조선 남방은 관병과 일병의 천지가 되고 말았다. 동리동리에 살기가 충천하고 유혈이 가득하였다. …… 동학군으로서 관병, 일병, 수성군, 민포군에게 당한 참살 광경을 이루 말할 수 없었다. …… 피해자를 계산하면 무릇 30~40만의 다수에 달하였고, 동학군의 재산이라고는 모두 관리의 것이 되었고, 가옥 등 건물은 죄다 불 속에 들어갔으며, 기타 부녀자 강탈, 능욕 등은 차마 다 말할 수가 없는 것이었다.

오지영, 『동학사』에서

12월과 다음 해 1월에 걸쳐 김개남과 최경선, 전봉준, 손화중이 차례로 체포되었다. 재판도 없이 전주에서 목이 잘린 김개남을 제외한 나머지 지도자들은 서울로 압송되어 1895년 3월 30일 모두 교수형을 당했다. 동학농민혁명은 실패했다. 그러나 그것은 안팎의 모순을 지양하고 스스로 발전의 길을 찾아가려는 우리 민족 역량의 커다란 저수지로서, 거기서 흘러내린 물줄기는 일제하 의병전쟁과 항일무장투쟁을 거쳐 오늘날까지 면면히 이어지며 우리 역사의 고비 고비를 적시고 있다.

동학영솔장 최경선 묘역(정읍 칠보)

時來天地皆同力
力運去英雄不自謀
自謀愛民正義我
我無失愛國丹
心誰有知

丁亥孟秋
爽堂書

전봉준 유언 시

때가 이르러서는 천지가 모두 힘을 모으더니
운이 다하니 영웅도 스스로를 도모할 수 없구나.
백성을 사랑했고 의를 바로 하였으니 내 잃은 것은 없건마는
나라 위한 내 일편단심을 그 누가 알까 하노라.

배선옥의 글

삶의 행복을 꿈꾸는 교육은 어디에서 오는가?

미래 100년을 향한 새로운 교육

▶ 교육혁명을 앞당기는 배움책 이야기
혁신교육의 철학과 잉걸진 미래를 만나다!

한국교육연구네트워크 총서

01 핀란드 교육혁명
한국교육연구네트워크 엮음 | 320쪽 | 값 15,000원

02 일제고사를 넘어서
한국교육연구네트워크 엮음 | 284쪽 | 값 13,000원

03 새로운 사회를 여는 교육혁명
한국교육연구네트워크 엮음 | 380쪽 | 값 17,000원

04 교장제도 혁명
한국교육연구네트워크 엮음 | 268쪽 | 값 14,000원

05 새로운 사회를 여는 교육자치 혁명
한국교육연구네트워크 엮음 | 312쪽 | 값 15,000원

06 혁신학교에 대한 교육학적 성찰
한국교육연구네트워크 엮음 | 308쪽 | 값 15,000원

혁신학교
성열관·이순철 지음 | 224쪽 | 값 12,000원

행복한 혁신학교 만들기
초등교육과정연구모임 지음 | 264쪽 | 값 13,000원

서울형 혁신학교 이야기
이부영 지음 | 320쪽 | 값 15,000원

혁신교육, 철학을 만나다
브렌트 데이비스·데니스 수마라 지음
현인철·서용선 옮김 | 304쪽 | 값 15,000원

혁신교육 존 듀이에게 묻다
서용선 지음 | 292쪽 | 값 14,000원

다시 읽는 조선 교육사
이만규 지음 | 750쪽 | 값 33,000원

대한민국 교육혁명
교육혁명공동행동 연구위원회 지음 | 224쪽 | 값 12,000원

한국교육연구네트워크 번역 총서

01 프레이리와 교육
존 엘리아스 지음 | 한국교육연구네트워크 옮김
276쪽 | 값 14,000원

02 교육은 사회를 바꿀 수 있을까?
마이클 애플 지음 | 강희룡·김선우·박원순·이형빈 옮김
352쪽 | 값 16,000원

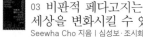
**03 비판적 페다고지는
세상을 변화시킬 수 있는가?**
Seewha Cho 지음 | 심성보·조시화 옮김 | 280쪽 | 값 14,000원

04 마이클 애플의 민주학교
마이클 애플·제임스 빈 엮음 | 강희룡 옮김 | 276쪽 | 값 14,000원

05 21세기 교육과 민주주의
넬 나딩스 지음 | 심성보 옮김 | 392쪽 | 값 18,000원

**06 세계교육개혁:
민영화 우선인가 공적 투자 강화인가?**
린다 달링-해먼드 외 지음 | 심성보 외 옮김 | 408쪽 | 값 21,000원

대한민국 교사, 어떻게 가르칠 것인가?
윤성관 지음 | 320쪽 | 값 15,000원

아이들을 어떻게 가르칠 것인가
사토 마나부 지음 | 박찬영 옮김 | 232쪽 | 값 13,000원

아이들의 배움은 어떻게 깊어지는가
이시이 준지 지음 | 방지현·이창희 옮김 | 200쪽 | 값 11,000원

모두를 위한 국제이해교육
한국국제이해교육학회 지음 | 364쪽 | 값 16,000원

경쟁을 넘어 발달 교육으로
현광일 지음 | 288쪽 | 값 14,000원

독일 교육, 왜 강한가?
박성희 지음 | 324쪽 | 값 15,000원

핀란드 교육의 기적
한넬레 니에미 외 엮음 | 장수명 외 옮김 | 452쪽 | 값 23,000원

▶ 비고츠키 선집 시리즈
발달과 협력의 교육학 어떻게 읽을 것인가?

 생각과 말
레프 세묘노비치 비고츠키 지음
배희철·김용호·D. 켈로그 옮김 | 690쪽 | 값 33,000원

 성장과 분화
L.S. 비고츠키 지음 | 비고츠키 연구회 옮김
308쪽 | 값 15,000원

 도구와 기호
비고츠키·루리야 지음 | 비고츠키 연구회 옮김
336쪽 | 값 16,000원

 의식과 숙달
L.S 비고츠키 | 비고츠키 연구회 옮김
348쪽 | 값 17,000원

 어린이 자기행동숙달의 역사와 발달 I
L.S. 비고츠키 지음 | 비고츠키 연구회 옮김
564쪽 | 값 28,000원

 관계의 교육학, 비고츠키
진보교육연구소 비고츠키교육학실천연구모임 지음
300쪽 | 값 15,000원

 어린이 자기행동숙달의 역사와 발달 II
L.S. 비고츠키 지음 | 비고츠키 연구회 옮김
552쪽 | 값 28,000원

 비고츠키 생각과 말 쉽게 읽기
진보교육연구소 비고츠키교육학실천연구모임 지음
316쪽 | 값 15,000원

 어린이의 상상과 창조
L.S. 비고츠키 지음 | 비고츠키 연구회 옮김
280쪽 | 값 15,000원

 비고츠키와 인지 발달의 비밀
A.R. 루리야 지음 | 배희철 옮김 | 280쪽 | 값 15,000원

 연령과 위기
L.S. 비고츠키 지음 | 비고츠키 연구회 옮김
336쪽 | 값 17,000원

 수업과 수업 사이
비고츠키 연구회 지음 | 196쪽 | 값 12,000원

▶ 창의적인 협력수업을 지향하는 삶이 있는 국어 교실
우리말 글을 배우며 세상을 배운다

 중학교 국어 수업 어떻게 할 것인가?
김미경 지음 | 340쪽 | 값 15,000원

 이야기 꽃 1
박용성 엮어 지음 | 276쪽 | 값 9,800원

 **토론의 숲에서 나를 만나다**
명혜정 엮음 | 312쪽 | 값 15,000원

 이야기 꽃 2
박용성 엮어 지음 | 294쪽 | 값 13,000원

 토닥토닥 토론해요
명혜정·이명선·조선미 엮음 | 288쪽 | 값 15,000원

 인문학의 숲을 거니는 토론 수업
순천국어교사모임 엮음 | 308쪽 | 값 15,000원

 어린이와 시
오인태 지음 | 192쪽 | 값 12,000원

 수업, 슬로리딩과 함께
박경숙·강슬기·김정욱·장소현·강민정·전혜림·이혜민 지음
268쪽 | 값 15,000원

▶ 평화샘 프로젝트 매뉴얼 시리즈
학교 폭력에 대한 근본적인 예방과 대책을 찾는다

 학교 폭력 어떻게 만들어지는가
문재현 외 지음 | 300쪽 | 값 14,000원

 아이들을 살리는 동네
문재현·신동명·김수동 지음 | 204쪽 | 값 10,000원

 학교 폭력, 멈춰!
문재현 외 지음 | 348쪽 | 값 15,000원

 평화! 행복한 학교의 시작
문재현 외 지음 | 252쪽 | 값 12,000원

 왕따, 이렇게 해결할 수 있다
문재현 외 지음 | 236쪽 | 값 12,000원

 마을에 배움의 길이 있다
문재현 지음 | 208쪽 | 값 10,000원

 젊은 부모를 위한 백만 년의 육아 슬기
문재현 지음 | 248쪽 | 값 13,000원

▶ 4·16, 질문이 있는 교실 마주이야기
통합수업으로 혁신교육과정을 재구성하다!

통하는 공부
김태호·김형우·이경석·심우근·허진만 지음
324쪽 | 값 15,000원

내일 수업 어떻게 하지?
아이함께 지음 | 300쪽 | 값 15,000원
2015 세종도서 교양부문

인간 회복의 교육
성래운 지음 | 260쪽 | 값 13,000원

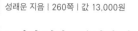
교과서 너머 교육과정 마주하기
이윤미 외 지음 | 368쪽 | 값 17,000원

수업 고수들 수업·교육과정·평가를 말하다
박현숙 외 지음 | 368쪽 | 값 17,000원

도덕 수업, 책으로 묻고 윤리로 답하다
울산도덕교사모임 지음 | 320쪽 | 값 15,000원

체육 교사, 수업을 말하다
전용진 지음 | 304쪽 | 값 15,000원

교실을 위한 프레이리
아이러 쇼어 엮음 | 사람대사람 옮김 | 412쪽 | 값 18,000원

마을교육공동체란 무엇인가?
서용선 외 지음 | 360쪽 | 값 17,000원

학교생활기록부를 디자인하라
박용성 지음 | 268쪽 | 값 14,000원

교사, 학교를 바꾸다
정진화 지음 | 372쪽 | 값 17,000원

함께 배움
학생 주도 배움 중심 수업 이렇게 한다
니시카와 준 지음 | 백경석 옮김 | 280쪽 | 값 15,000원

공교육은 왜?
홍섭근 지음 | 352쪽 | 값 16,000원

자기혁신과 공동의 성장을 위한
교사들의 필리버스터
윤양수·원종희·장군·조경삼 지음 | 280쪽 | 값 14,000원

함께 배움 이렇게 시작한다
니시카와 준 지음 | 백경석 옮김 | 196쪽 | 값 12,000원

함께 배움 교사의 말하기
니시카와 준 지음 | 백경석 옮김 | 188쪽 | 값 12,000원

미래교육의 열쇠, 창의적 문화교육
심광현·노명우·강정석 지음 | 368쪽 | 값 16,000원

주제통합수업, 아이들을 수업의 주인공으로!
이윤미 외 지음 | 392쪽 | 값 17,000원

수업과 교육의 지평을 확장하는 수업 비평
윤양수 지음 | 316쪽 | 값 15,000원
2014 문화체육관광부 우수교양도서

교사, 선생이 되다
김태은 외 지음 | 260쪽 | 값 13,000원

교사의 전문성, 어떻게 만들어지나
국제교원노조연맹 보고서 | 김석규 옮김 392쪽 | 값 17,000원

수업의 정치
윤양수·원종희·장군 지음 | 280쪽 | 값 14,000원

학교협동조합,
현장체험학습과 마을교육공동체를 잇다
주수원 외 지음 | 296쪽 | 값 15,000원

거꾸로교실,
잠자는 아이들을 깨우는 수업의 비밀
이민경 지음 | 280쪽 | 값 14,000원

교사는 무엇으로 사는가
정은균 지음 | 292쪽 | 값 15,000원

마음의 힘을 기르는 감성수업
조선미 외 지음 | 300쪽 | 값 15,000원

작은 학교 아이들
지경준 엮음 | 376쪽 | 값 17,000원

감성 지휘자, 우리 선생님
박종국 지음 | 308쪽 | 값 15,000원

대한민국 입시혁명
참교육연구소 입시연구팀 지음 | 220쪽 | 값 12,000원

교사를 세우는 교육과정
박승열 지음 | 312쪽 | 값 15,000원

전국 17명 교육감들과 나눈
교육 대담
최창의 대담·기록 | 272쪽 | 값 15,000원

들뢰즈와 가타리를 통해
유아교육 읽기
리세롯 마리엣 올슨 지음 | 이연선 외 옮김 | 328쪽 | 값 17,000원

교육과정 통합, 어떻게 할 것인가?
성열관 외 지음 | 192쪽 | 값 13,000원

학교 민주주의의 불한당들
정은균 지음 | 276쪽 | 값 14,000원

동양사상에게 인공지능 시대를 묻다
홍승표 외 지음 | 260쪽 | 값 15,000원

교육과정, 수업, 평가의 일체화
리사 카터 지음 | 박승열 외 옮김 | 196쪽 | 값 13,000원

학교 혁신의 길, 아이들에게 묻다
남궁상운 외 지음 | 268쪽 | 값 15,000원

학교를 개선하는 교장
지속가능한 학교 혁신을 위한 실천 전략
마이클 풀란 지음 | 서동연·정효준 옮김 | 216쪽 | 값 13,000원

프레이리의 사상과 실천
사람대사람 지음 | 352쪽 | 값 18,000원

▶ **교과서 밖에서 만나는 역사 교실**
상식이 통하는 살아 있는 역사를 만나다

전봉준과 동학농민혁명
조광환 지음 | 336쪽 | 값 15,000원

교과서 밖에서 배우는 역사 공부
정은교 지음 | 292쪽 | 값 14,000원

남도의 기억을 걷다
노성태 지음 | 344쪽 | 값 14,000원

팔만대장경도 모르면 빨래판이다
전병철 지음 | 360쪽 | 값 16,000원

응답하라 한국사 1·2
김은석 지음 | 356쪽·368쪽 | 각권 값 15,000원

빨래판도 잘 보면 팔만대장경이다
전병철 지음 | 360쪽 | 값 16,000원

즐거운 국사수업 32강
김남선 지음 | 280쪽 | 값 11,000원

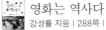
영화는 역사다
강성률 지음 | 288쪽 | 값 13,000원

즐거운 세계사 수업
김은석 지음 | 328쪽 | 값 13,000원

친일 영화의 해부학
강성률 지음 | 264쪽 | 값 15,000원

강화도의 기억을 걷다
최보길 지음 | 276쪽 | 값 14,000원

한국 고대사의 비밀
김은석 지음 | 304쪽 | 값 13,000원

광주의 기억을 걷다
노성태 지음 | 348쪽 | 값 15,000원

조선족 근현대 교육사
정미량 지음 | 320쪽 | 값 15,000원

선생님도 궁금해하는
한국사의 비밀 20가지
김은석 지음 | 312쪽 | 값 15,000원

다시 읽는 조선근대교육의 사상과 운동
윤건차 지음 | 이명실·심성보 옮김 | 516쪽 | 값 25,000원

걸림돌
키르스텐 세룹-빌펠트 지음 | 문봉애 옮김
248쪽 | 값 13,000원

음악과 함께 떠나는 세계의 혁명 이야기
조광환 지음 | 292쪽 | 값 15,000원

역사수업을 부탁해
열 사람의 한 걸음 지음 | 388쪽 | 값 18,000원

논쟁으로 보는 일본 근대교육의 역사
이명실 지음 | 324쪽 | 값 17,000원

진실과 거짓, 인물 한국사
하성환 지음 | 400쪽 | 값 18,000원

▶ 더불어 사는 정의로운 세상을 여는 인문사회과학
사람의 존엄과 평등의 가치를 배운다

 밥상혁명
강양구·강이현 지음 | 298쪽 | 값 13,800원

 도덕 교과서 무엇이 문제인가?
김대용 지음 | 272쪽 | 값 14,000원

 자율주의와 진보교육
조엘 스프링 지음 | 심성보 옮김 | 320쪽 | 값 15,000원

 민주화 이후의 공동체 교육
심성보 지음 | 392쪽 | 값 15,000원
2009 문화체육관광부 우수학술도서

 갈등을 넘어 협력 사회로
이창언·오수길·유문종·신윤관 지음 | 280쪽 | 값 15,000원

 동양사상과 마음교육
정재걸 외 지음 | 356쪽 | 값 16,000원
2015 세종도서 학술부문

 교과서 밖에서 배우는 철학 공부
정은교 지음 | 280쪽 | 값 14,000원

 교과서 밖에서 배우는 사회 공부
정은교 지음 | 304쪽 | 값 15,000원

 교과서 밖에서 배우는 윤리 공부
정은교 지음 | 292쪽 | 값 15,000원

 한글 혁명
김슬옹 지음 | 388쪽 | 값 18,000원

 **좌우지간 인권이다**
안경환 지음 | 288쪽 | 값 13,000원

 민주시민교육
심성보 지음 | 544쪽 | 값 25,000원

 민주시민을 위한 도덕교육
심성보 지음 | 500쪽 | 값 25,000원
2015 세종도서 학술부문

 교과서 밖에서 배우는 인문학 공부
정은교 지음 | 280쪽 | 값 13,000원

 오래된 미래교육
정재걸 지음 | 392쪽 | 값 18,000원

 대한민국 의료혁명
전국보건의료산업노동조합 엮음 | 548쪽 | 값 25,000원

 교과서 밖에서 배우는 고전 공부
정은교 지음 | 288쪽 | 값 14,000원

 전체 안의 전체 사고 속의 사고
김우창의 인문학을 읽다
현광일 지음 | 320쪽 | 값 15,000원

 카스트로, 종교를 말하다
피델 카스트로·프레이 베토 대담 | 조세종 옮김
420쪽 | 값 21,000원

 교사와 부모를 위한 비고츠키 교육학
카르포프 지음 | 실천교사번역팀 옮김 | 308쪽 | 값 15,000

▶ 살림터 참교육 문예 시리즈
영혼이 있는 삶을 가르치는 온 선생님을 만나다!

 꽃보다 귀한 우리 아이는
조재도 지음 | 244쪽 | 값 12,000원

 성깔 있는 나무들
최은숙 지음 | 244쪽 | 값 12,000원

 아이들에게 세상을 배웠네
명혜정 지음 | 240쪽 | 값 12,000원

 밥상에서 세상으로
김흥숙 지음 | 280쪽 | 값 13,000원

 선생님이 먼저 때렸는데요
강병철 지음 | 248쪽 | 값 12,000원

 서울 여자, 시골 선생님 되다
조경선 지음 | 252쪽 | 값 12,000원

 행복한 창의 교육
최창의 지음 | 328쪽 | 값 15,000원

 북유럽 교육 기행
정애경 외 14인 지음 | 288쪽 | 값 14,000원

▶ 남북이 하나 되는 두물머리 평화교육
분단 극복을 위한 치열한 배움과 실천을 만나다

 10년 후 통일
정동영·지승호 지음 | 328쪽 | 값 15,000원

 선생님, 통일이 뭐예요?
정경호 지음 | 252쪽 | 값 13,000원

 분단시대의 통일교육
성래운 지음 | 428쪽 | 값 18,000원

 김창환 교수의 DMZ 지리 이야기
김창환 지음 | 264쪽 | 값 15,000원

▶ 출간 예정

근간 **페다고지를 위하여**
프레네의 『페다고지 불변요소』 읽기
박찬영 지음

근간 **발달교육, 사람됨의 조건을 말하다**
현광일 지음

근간 **다시, 학교에서 길을 찾는다**
민주시민교육 수업 실천 길라잡이
염경미 지음

근간 **혁신학교, 미래교육의 답을 찾다**
송순재 외 지음

근간 **삶을 위한
국어교육과정, 어떻게 만들 것인가?**
명혜정 지음

근간 **이오덕 교육론**
이무완 지음

근간 **학교는 평화로운가?**
강균석 외 지음

근간 **마을수업, 마을교육과정!**
서용선·백윤애 지음

근간 **민·관·학 협치 시대를 여는
마을교육공동체 만들기**
김태정 지음

근간 **독립의 기억을 걷다**
노성태 지음

근간 **민주주의와 교육**
Pilar Ocadiz, Pia Wong, Carlos Torres 지음| 유성상 옮김

근간 **민주시민교육을 위한
역사수업 어떻게 할 것인가?**
황현정 지음

근간 **미국의 진보주의 교육 운동사**
윌리엄 헤이스 지음 | 심성보 외 옮김

근간 **공자뎐, 논어는 이것이다**
유문상 지음

근간 **교육의 대전환**
김경욱 외 지음

근간 **다 함께 올라가는 스웨덴 교육법**
레이프 스트란드베리 지음 | 변광수 옮김

근간 **대학생에게 협동조합을 허하라**
주수원 외 지음

참된 삶과 교육에 관한
생각 줍기